Ein unbeugsames Blatt im Wind der Zeit

Heidrun Schaller

Ein unbeugsames Blatt im Wind der Zeit

Miniaturen in Prosa

Impressum

Rechte für diese Ausgabe:
elbaol verlag hamburg, Meldorf
www.elbaol-verlag-hamburg.de

Covermotiv und Illustrationen:
© Heidrun Schaller

Druck, Fertigung, Covergestaltung und Vertrieb:
BoD GmbH, Norderstedt

ISBN 978-3-939771-72-2
EUR 10,99

Inhalt

Zum Geleit

Meinem Puls einen neuen Rhythmus, meinen Hexenrhythmus vorsingen; diese Gangart, weg vom mehr, schneller, besser – hin zum: ich bin, bin da, bin ganz bei mir, träumende Sehnsucht im Herzen, mich öffnen, weit in die Minuten und Stunden, ohne Ziel, einfach so –

„Kunst ist zweierlei: etwas, bei dem etwas erzeugt wird, und etwas, bei dem etwas eingefangen wird."

Sokrates

Ich möchte in aller Bescheidenheit ein Drittes hinzufügen. Ich meine, dass Kunst der Ausdruck von Eindrücken und Emotionen ist, gewissermaßen aus der Wahrnehmung Eingefangenes, das dann durch den aktiven künstlerischen Prozess erzeugt wird, ein Kunstwerk erschafft. Also eine Synthese der beiden Gedanken von Sokrates.

„Es gibt kein Verbot für alte Weiber, auf Bäume zu klettern."

Astrid Lindgren

Dieses Zitat von Astrid Lindgren hat mich – am heutigen „Tag der Einheit" aus dem von rinnendem Regen verhangenen Fenster blickend, lesend die Muße genießend – total elektrisiert.
Ich schwebe durchs Haus, durch dieses Haus, das *mein* „erklommener Baum" ist – mit fast siebzig Jahren habe ich entgegen dem allgemeinen Trend, sich zu verkleinern, rollstuhl- und altersgerecht umzuziehen, mir dieses herrliche Haus mit sechzehn Stufen nach oben und zwölf Stufen im Schlaf-Badebereich zugelegt. Mit Garten, Atrium, Gartenarbeit, Atelier, einem supergemütlichen Wohnzimmer – ich würde es mein Refugium nennen – , mit Bewegung, Arbeit – Genuss, um fit zu bleiben, täglich diesen „Baum" zu besteigen, gern auch öfter als nötig, um in Bewegung zu bleiben – ach – und dann fiel mir ein, dass ich als kleines Mädchen in Russland einen Lieblingsbaum hatte, der damals, wie ich bei einem sehr viel späteren Besuch als erwachsene Frau feststellen musste, noch gnädig niedrig für meine kurzen Beinchen und Arme war und nun diesen Lieblingsplatz in unerreichbare Höhe hinaufgewachsen hat. Doch ich kann ja diesen Platz einnehmen, so oft, wann und wo ich will, denn ich habe dieses mich berauschende Gefühl des Oben so tief in mir verwurzelt, dass ich es jederzeit als spürbares, mich belebendes, erfreuendes Erlebnis in mir abrufen kann. Wenn ich am Deich unter den wilden Himmeln meiner neugewonnenen „Hausheimat" Glückstadt mit meiner Hündin Nina unterwegs bin, dann spüre ich diese in meiner Kindheit erworbene Freude am Draußensein, am Überblick, an Wind, Wolken, fließendem Wasser und Wettern. Ja … für mich gibt es kein Verbot, auf Bäume zu klettern, auch jetzt nicht in meinem fünfundsiebzigsten Lebensjahr.

Ich, ein unbeugsames Blatt – selbst im Wind der Zeit.

Heidrun Schaller, am 3. Oktober 2018

Hilferufe Vielfältigkeiten Tiefgänge

In diesen Tagen meiner siebziger Zeit blättert sich so manche Erkenntnis rauf in die Erinnerung. Wenn ich meine Texte und Malereien auf mich wirken lasse diese expressiven Farben Formen Inhalte dann sind das alles Suchbewegungen heraus aus den Jahren der Unfreiheit der Gefangenschaft in Erziehung und Sozialisation treibt es mich immer wieder mit Schwung nach oben hinaus aus diesem Gefängnis das mir die Geburt in eine ganz bestimmte Familie Familien-Konstellation Zeit Geschichte Veränderungen die von außen auf mich einwirkten Fremdheiten immer wieder Fremdheiten und damit verbunden so viele Anpassungen dass unter dieser Jahrzehnte Schicht kaum noch Atem war bis ich begann zu schreiben zu malen dem Unterbewusstsein meinem inneren Kind Stimme und Ausdruck zu geben und nun staune ich selber über diese Hilferufe Vielfältigkeiten und Tiefgänge diese farbenfrohe innere Welt die sich da im Außen präsentiert.

„Hängen wir die Kreuze ab!“

Ostern, dieses christliche Schwelgen, Trauern in und mit dem Kreuzestod Jesu, das kann ich ja gerade noch nachvollziehen, doch diese „Kar-Zeit“ endet ja mit der Kreuzesabnahme und jubelnd mit der Auferstehung – warum nur, warum, lässt man diesen armen, gemarterten Gottessohn das ganze Jahr über weiter an tausendfachen Kreuzen hängen, leiden? Lasst ihn uns endgültig von seinem Kreuz befreien und uns selber unsere Sorgen, Ängste und Nöte abschütteln, nicht mehr ängstlich sein, sondern mutig, frei und leicht, unser eigenes Leben schultern.

Frei nach König Salomo

„Weisheit braucht einen mächtigen Tempel“, so sagte Salomo und klatschte sich auf seinen mächtigen Bauch. Nun hat sich im Laufe meines Älterwerdens auch bei mir ein – mir gar nicht lieber – Bauch eingestellt und nun, da ich diesen Satz lese, bin ich ein wenig mit meiner altersverrutschten Figur versöhnt, insbesondere auch, weil ja das „Denken mit dem Bauch“, die Intuition und Kreativität, mir als Schreiberin, die ich insbesondere den Metaphern, dem Lyrischen verschworen bin, dieses Bauchdenken besonders liegt. Bleibt mir nur noch übrig, die Frage zu stellen, beziehungsweise die Antwort drauf zu finden – nämlich: „Sind Dünne weniger kreativ als Dicke?“ Da ich ja aber „einen weisen Bauch“ habe, werde ich mich hüten, darauf eine Antwort zu geben.

Zuggespräche

Dewutschki paschli ... und viele andere ähnlich klingende Worte, vertraute Klänge, vertraute Sprachmelodie, fangen meine zugreiseentspannten Ohren auf, ein; diese Töne nisten sich ein in die Erinnerungen, Kindheit, so fern dieser Klang, vertraut und doch so fremd nach all den Jahren.

Ein anderer Zug, Holzklasse, 1948, meine erste Fahrt nach Leningrad, ein großes Abenteuer diese Fahrt von Oranienbaum, der Deutschen Kolonie, vierzig Kilometer vor Leningrad am Finnischen Meerbusen gen Westen entlang. Wir (Vater, Mutter, Bruder und ich) unterwegs in die große vom Krieg zerschundene, gequälte Stadt. Die Menschen so grau wie der Novembertag, doch mir ist alles bunt, aufregend neu und geheimnisvoll. Ich schlüpfe mit meinen fünf Jahren in das Fremde hinein, richte mich wohnlich ein, erwärme den russischen Bäuerinnen – Babuschkas – die runzeligen Gesichter und Herzen, bin Sonnenschein und Wirbelwind auf diesen Holzbänken reisend, reisend in die große Stadt. Staunen. Mein ganzer kindlicher Körper ist Staunen, Offenheit. Warm eingepackt in eine Wattejacke und Walenkis an den Füßen, kann mich nichts von dieser Entdeckerlust, diesem Aufsaugen der Eindrücke, der Sprache, ablenken und so habe ich, wie die Eltern später erzählen werden, meine ersten russischen Worte auf der Rückfahrt den Mitreisenden angeboten und verzückte Aufmerksamkeit erfahren.

Nun wieder, zeitenweit von diesem ersten Sprach- und Menschenkontakt meiner frühen Jahre entfernt, lausche ich, in diesem komfortablen Zug auf der Fahrt nach Bremen, still diesen vertrauten Klängen und bebildere mir diesen nasskalten Dezembertag mit meinen Erinnerungen. Schlüpfe noch einmal hinein in diese meine Kindheitsheimat in der Fremde.

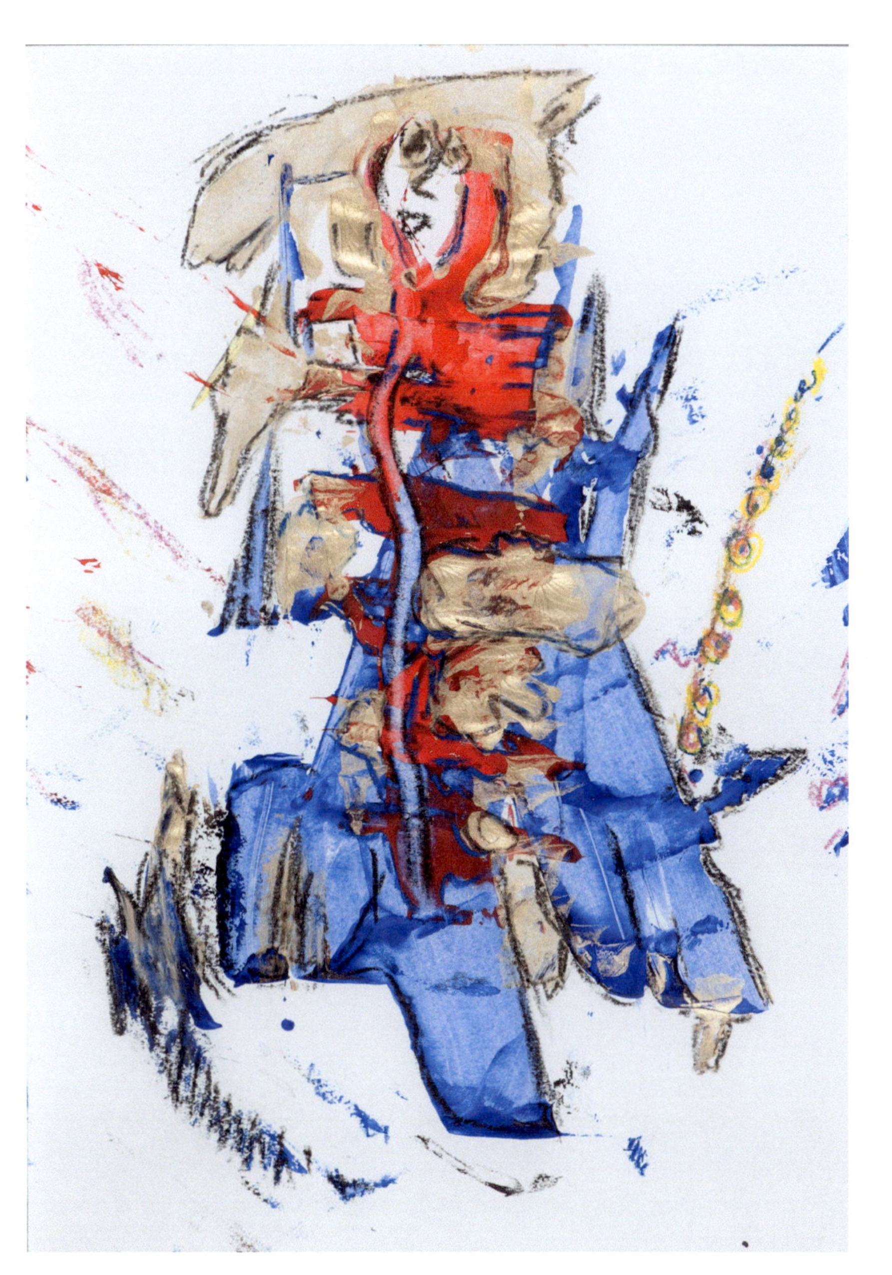

Der Gesang des Lebens ...

Nicht stolpern, freiwillig über die Schwelle der Gewohnheiten, Verrichtungen hinaus in das Rauschen der Stille des Sandes zu den Geschöpfen aus Stein erstarrt vor dem Zugriff der Menschen nur noch nachts heimlich sie sich verlebendigen umtreiben wispern im Wind der sich Kraft, Sturm, aus allen vier Himmelsrichtungen und nun mit Sand in alle Ritzen und Poren eindringt überschreitet das Maß des Erträglichen und doch aushalten müssen diese Invasion des zerstäubten, urzeitlichen kleinstgewordenen Großen, das mir nun um die Ohren, Nase und in den Mund – ich mir einverleibe und ausspucke und dennoch nicht los werde aus und an meinem Körper und in meinem Geist. Ich bin durch und durch versandet, Ahnungen rauschen in mir, reißen mich ausgetrocknete Flussbetten entlang, Erosion zerkleinert alles in und an mir, was einst groß, wichtig, bedeutsam war und spült mich ins weite trockene Saharameer. Ohne zu denken nur noch Gefühl, Gefühl der Winzigkeit, Kleinheit unter allen Türen durch in die Herzen beunruhigt ein kleiner Sandwirbel die ordentliche Reinheit, übertönt den Verkehr, die Geschäftigkeit und jegliche Scheinklarheit bis hin zu dem Vollmond der auch hier hellt und weibliche, sehr weibliche Gefühle, Gedanken sendet in stumme, nachrichtenaufsaugende, arbeitsame, fühllose Hirne und wispert vom Leben da draußen im Sand unter dem weiten Himmel in der Hitze des Tages und der Kälte der Nacht die aufreißen das Alltägliche es unbrauchbar machen für das Überleben in dieser andren so nahen, fernen Welt. Loslassen das Körperliche und mit dem Sand fliegen zu den Dünen, die vom „Baumeister Wind“ kunstvoll errichtet zu meinen Füßen ich Adlerin dort oben kreisend über ausgemergelten weißen Knochen, die einst so voller Leben, Hoffnungen, Sehnsüchten hier nur noch singen von verlorener Liebe, Träume, die zerstoben und Brunnen, die versandet nicht mehr Quell des Lebens und doch alles hier so klar und lebendig im Buch des Lebens verzeichnet und nicht mehr rückgängig zu machen in dieser Welt nur noch ein Treffen der Gestrandeten deren Spuren sich hier in der Wüste verlieren bringt es an den Tag, dass ein Leben kurz und intensiv, rauschend und singend nicht zu bereuen, besser als tausende Tage Leben eingesperrt in Räumen, Pflichten, Ehrgeiz, Karriere, Mobilität und Aktienkurse keine Liebe, kein Lachen wozu soll es gut sein so lange zu leben, wenn Liebe, Kraft, Freiheit und Sehnsucht nicht über alle Schwellen wallen und rauschen, wenn das Leben nicht Gesang, Licht und Leidenschaft birgt.

Kofferpacken

Kofferpacken, bedächtig liebevoll alles einpacken, was ich für drei bis vier Tage benötige, um mich zu beschäftigen, zu lesen, zu schreiben, mich gedankenvoll und intensiv im Leben zu halten – nicht etwa für eine bevorstehende Reise, nein, für einen Krankenhausaufenthalt zu einer Katheterablation am Herzen, um endlich meine Herzrhythmusstörungen zu besiegen.

Das Äußere ist genauso wie vor einer schönen Reise, die Blumen gießen, den Hund versorgt wissen, Abschied nehmen und doch … ist es ein viel tiefgreifenderer Vorgang, Abschied, denn natürlich rumoren in mir die unterschiedlichsten Gefühle, ja, seit Tagen hat mich eine depressive Verstimmung im Griff – düstert, schwert mich da ein banges Gefühl, uralte, mehrfach erlebte, schwierige Krankenhausaufenthalte melden sich zu „Wort“ und fordern mir alle Kraft ab, mich positiv einzustellen, mich hoffnungsfroh zu stimmen, dass nach dem Krankenhausaufenthalt, nach dem Eingriff, diese mich ebenfalls aus dem Leben katapultierenden Herzrhythmusstörungen verschwunden sein werden und ich auch keine Tabletten mit fiesen Nebenwirkungen mehr nehmen muss. So packe ich also auch eine schwache Hoffnung und die rationale Zuversicht in meinen Koffer und wundere mich nicht, wie schwer er geworden ist mit all diesen quarstigen Gefühlen.

Juniweihnacht

Wachsreste an den Zweigen, auch ein verirrter, vergessener Lamettafaden im schütteren Nadelkleid, so lächelte, rief er mich an, der kleine, ausgemusterte Tannenbaum – im Juni – im Hinterhof eines Hauses, in den ich mich – wegen der mich verlockenden Blütenpracht einer Kamelie – schauend, staunend, verirrt habe. So eine „Weihnachtsbegegnung“, kurz vor dem längsten Tag des Jahres, zum Sommeranfang, skurril, irreal und doch – erinnerte es mich daran, dass das nächste Weihnachten bestimmt, und wie immer viel zu schnell, auf mich zukommen wird. Ob „mein“ im Juni entdeckter Weihnachtsbaum dann eine Renaissance erleben wird? Ich wünsche es ihm sehr.

„Lebendiges Holz“

Kürzlich war ich mit Freunden bei herrlich warmem Frühsommerwetter abends in einem Biergarten, in dem wir an einem langen, rohbelassenen Holztisch auf Holzbänken saßen, mit noch vielen anderen fröhlichen Menschen den lauen Abend alle miteinander genossen. Als die Kellnerin unsere Getränke absetzte – wegen der urigen Beschaffenheit der Tischplatte ohne schützenden Untersetzer – hörte ich ein Geräusch, „wie Äste im Wind“, als wäre der Tisch noch ein Baum, und ich saß plötzlich von meinem Gefühl her unter den ausladenden Ästen eines Baumes in seiner raschelnden Stille, obwohl Gespräche und Gelächter um mich herum brandeten.

Wüstenkönigin

Wenn ich am Nordseestrand auf einem dieser herrlich weiten, endlos langen Sandstrände wandere, dann kann ich trotz des mich umgebenden Meeresrauschens die Wüste riechen. Da suchen mich Erinnerungen an diese Reisen, Wanderungen, Erlebnisse in fünf Wüsten auf vier Kontinenten heim, spüre ich diese heilende, große Einsamkeit und Stille, dieses Eingebundensein in das Ewige, die solche zivilisations- und kulturfernen Gegenden dieser Erde auf mich ausüben. Mich den Schmerz in jeder Freude spüren lassen und ich frage mich: „Warum sind Schneeköniginnen glücklich?“ – wo ich mich doch eher als glückliche „Wüstenkönigin“ fühle.

Siebenmal „Hopp“ beim Umsteigen auf dem Weg nach Hiddensee

Den folgenden Text schreibe ich noch zu Hause, am Morgen meines Abreisetages in Glückstadt. Ich habe noch Zeit, weil ich schon sehr unruhig und nur kurz geschlafen habe, denn vor Reisen bin ich immer aufgeregt, und diese bevorstehende An-Reise hat es ja auch in sich, denn darunter verstand ich bisher – und *das* waren auch meine diesbezüglichen Erfahrungen – den Einstieg in *ein* Hauptreisebeförderungsmittel: Zug, Schiff, Flugzeug, und dann einen meist längeren Aufenthalt in diesen bis zum Ziel. Aber … so eine Reise von West nach Ost hat da ganz andere Erfahrungen zu bieten, denn es gibt *keine* Direktverbindungen von Glückstadt in diesen eigentlich gar nicht so fernen Osten, nach Stralsund und dann das Schiff zur Insel Hiddensee. Ich muss *sieben Mal* umsteigen auf dieser gestückelten Fahrt. Ich habe so das Gefühl, dass es eine Art Musikstück ist, ein Takt, Rhythmus, dieses: auf dem Bahnsteig, mit Rucksack, Nina an der Leine und Rollkoffer an den Hacken, hin und her gehen, bis endlich der Zug kommt (ich gehöre zu den Menschen, die immer mindestens zehn Minuten vor Abfahrt des Zuges am Bahnsteig sind), „Hopp“ – Nina in den bereitstehenden Zug springen lassen, ich ein wenig schwerfälliger den Koffer wuchtend hinterher, uns ein Plätzchen suchen, leider nur für dreizehn Minuten Fahrt bis *Elmshorn*, dann wieder alles schultern, anleinen, ziehen und raus auf den Bahnsteig, Gleis 3, Treppen runter, Treppen rauf zu Gleis 1, dort fünfundzwanzig Minuten den Bahnsteig erschnuppern, begehen und dann heißt es wieder: „Hopp“ – Nina in den bereitstehenden Zug springen lassen, ich ein wenig schwerfälliger den Koffer wuchtend hinterher, uns ein Plätzchen suchen, leider nur für fünfundzwanzig Minuten Fahrt bis *Neumünster*, dann wieder alles schultern, anleinen, ziehen und raus auf den Bahnsteig. Wieder fünfundzwanzig Minuten Bahnsteigbesichtigung und vorher von Gleis 3 zu Gleis 1 – ob das interessanter sein wird, wage ich zu bezweifeln. Dann heißt es endlich wieder für Nina „Hopp" – in den bereitstehenden Zug nach Bad Oldesloe springen, ich inzwischen noch ein wenig schwerfälliger den Koffer wuchtend hinterher, uns ein Plätzchen suchen, leider nur für achtunddreißig Minuten Fahrt bis *Bad Oldesloe*, dann wieder alles schultern, anleinen, ziehen und raus auf den Bahnsteig. Das Novum ist, dass wir auf demselben Gleis weiterfahren werden. Nachdem wir wieder zehn Minuten Erkundungen aufgenommen haben in dieser Umgebung, heißt es erneut „Hopp" (Nina), in den bereitstehenden Zug springen, ich noch ein wenig schwerfälliger den Koffer wuchtend hinterher, uns ein Plätzchen suchen, leider nur für achtzehn Minuten Fahrt bis *Lübeck*, dann wieder alles schultern, anleinen, ziehen und raus auf den Bahnsteig, von Gleis 7 auf Gleis 1 – Treppe rauf, Treppe runter, vierzehn Minuten warten auf den nächsten Zug. Dann – man ahnt es schon: „Hopp" (Nina), in den bereitstehenden Zug springen, ich immer schwerfälliger den Koffer wuchtend hinterher, uns ein Plätzchen suchen, leider nur für einundfünfzig Minuten Fahrt – immerhin, fast eine Stunde Pause – bis *Bad Kleinen*, dann wieder alles schultern, anleinen, ziehen und raus auf den Bahnsteig, von Gleis 1 zu Gleis 7, treppauf und treppab, zehn Minuten – wir müssen uns sputen zum nächsten Zug. „Hopp" (Nina), in den bereitstehenden Zug springen, ich ein wenig gestresst und gehetzt den Koffer wuchtend hinterher, uns ein Plätzchen suchen, leider nur für siebenundzwanzig Minuten Fahrt bis Rostock, dann wieder alles schultern, anleinen, ziehen und raus auf den Bahnsteig, in neun Minuten von Gleis 7 zu Gleis 9, treppab und treppauf, „Hopp" (Nina), in den bereitstehenden Zug springen, ich, langsam fix und fertig den Koffer wuchtend, hinterher, uns ein Plätzchen suchen, leider nur für achtundvierzig Minuten Fahrt bis *Stralsund*, dann wieder alles schultern, anleinen, ziehen und raus auf den Bahnsteig, und nun verlassen wir endlich Bahnhöfe, Bahnsteige und Gleise und machen uns auf den Weg zum Stralsunder Hafen, den wir – hoffentlich – in der zur Verfügung stehenden Zeit erreichen werden, denn wenn wir das Schiff nicht kriegen, kommen wir am Anreisetag nicht mehr nach Hiddensee – also, flugs alles schultern, anleinen, ziehen und raus zu dieser letzten Etappe. „Hopp. Hopp. Hopp.“ (Nina) ...

Gedanken zu unverständlichen Zeilen

Ich kämpfe mich, lesend in meiner Zeitung, durch hunderte Zeilen über Terror, IS, Krieg und stoße unvermittelt auf ein Gedicht im Feuilleton: „*Das Augenpaar*“ von István Kemény – staune, verheddere mich in mir unverständlichen Zeilen, ihr Sinn will sich mir nur schwer erschließen. Vorher, die vielen Zeilen über den Terror, das habe ich gut verstanden, aber jetzt, jetzt bin ich ratlos.

Es beginnt: *„Schlussszene, Titelmusik, schon bekannt, fast vorbei.“* Da fällt mir das Fernsehen ein, Tatort und andere Serien, von denen ich die Titelmusik kenne – da taucht in mir immer eine ganz bestimmte Erwartung auf, wenn die abgespielt werden – aber ... was hat das mit dem Titel: „Augenpaar“ zu tun – mit den Augen hören – ja, bei diesen wiederkehrenden einprägsamen Titelmusiken laufen vor meinem geistigen Auge Bilder ab – das kann ich nun also verstehen. Nun geht das Gedicht weiter*: „Seine Welt betrachtet ein letztes Mal sein Augenpaar“.* Das kenne ich als Flüchtlingskind, als moderne Nomadin, nur zu gut – immer wieder habe ich „meine Welt ein letztes Mal betrachtet“, wenn ich losgelassen habe, loslassen musste, zu neuen Ufern aufgebrochen bin. Allerdings hatte ich da schon immer das Zukünftige vor Augen: *„Das Gesicht des Helden in der Supertotale zerschmolzen, zerkocht – wie ein Wölkchen fortgeflogen*“, ja, das Vergangene ist zerschmolzen, als leichtes Wölkchen in den Himmel entlassen. *„Leere Gipfel, verlassene Landschaft, einen Planeten nebst Mond im Blick des Augenpaares*“. Da fällt mir mein Sohn ein, mein Erdtrabant, mein Mond, der natürlich längst sein eigenes fernes Leben lebt. *„Sterne, Universum, das Wort ENDE“,* ja, auch ich werde in absehbarer Zeit zurück ins Universum gehen, meinen Leib der Erde überlassen, aber meinen Geist freilassend. *„Lieber Gott, lieber Gott, meine müden Augen“.*

Ja, so viele Jahre, mein Lebenslauf, Krisen, Glück, Normalität, das macht müde, todmüde. Ich danke dem Autor für sein „unverständliches“ Gedicht – das ich so gut verstanden habe.

Morgenherz

In den grauen Morgen hinaus – nur ein ganz zartes, fast unsichtbares Rosa kämpft sich in den Morgen – in einen neuen, einzigartigen Tag, in meinen Tag, der – ein Stückchen meines Lebens – noch unentdeckt und voller Überraschungen vor mir liegt; nur begrüßt durch dieses zarte Rosa und durch mein waches Herz.

Pendlereien

Ich bin nun oft eine Pendlerin, pendle zwischen Glückstadt und Hamburg hin und her; das sonst so unerbittliche Zeit-Pendel ruht für diese jeweiligen fünfundvierzig Minuten der Zugfahrt – ich befinde mich dann in einer Blase, einer Traum-Wirklichkeits-Blase, vertieft in die vorbeiziehende flache, aufregungslose Landschaft, eingelullt vom rhythmischen Rattern und Schlingern des Zuges – weit weg von der wirklichen Welt, versunken in Lektüre, in diese andere Kopf-Welt, und erst wenn ich den jeweiligen Bahnhof erreicht habe, bewegt sich das Zeit-Pendel – mein Zeit-Pendel – weiter, setzt die Wirklichkeit wieder ein. Diese zeitlose Phase, in der ich bin – nichts bewirken will, muss, kann – nur meinen Körper dieser Fahrt aussetzen, ausliefern, anvertrauen, das ist ein immer wiederkehrendes Phänomen, das mir geschieht und doch im Inneren so intensiv ist und mich bereichert – obwohl ich selber absolut passiv bin – erstaunlich, wie intensiv sich dieses Pendel für mich auswirkt, da es mich zu einem mir sonst eher fremden, passiven Verhalten zwingt, mich zum Innehalten, zur Ruhe kommen lässt ... Mit einem Mal fällt mir das freischwingende 91 Meter lange Pendel in der Kuppel der Isaaks-Kathedrale in Leningrad/St. Petersburg ein, das mich während meiner Jahre in Russland schon als Kind so fasziniert hat – weil mit Hilfe eines Klötzchens, welches das Pendel nach etwa einer Minute umwirft, die Rotation der Erde wahrnehmbar gemacht wird. Doch ich in meinem Pendlerzug bin jenseits dieser eilenden Erdbewegung ganz bei mir angekommen.

Fotogedanken

Ich bin nicht fotogen; festgehalten, auf Papier gebannt, sehe ich nicht so aus, wie ich mich selber wahrnehme, denn ich bin ja mehr, viel mehr, als diese äußere Hülle, ich bin Leidenschaft, Energie, Freude und Schmerz, und dieses Momentgesicht, starr vor Angst über das zu erwartende, vernichtende Ergebnis, Lächeln für den Fotografen, das ist die hundertfach verfluchte Fassade, die sofort den Satz: „Du bist nicht hübsch!“ ins Gesicht schreibt, sich verbiegt zu etwas, zu etwas, was ich gar nicht bin.
„Ich bin eine Frau auf den zweiten Blick.“
Ich bin mehr, als mein Foto zeigt.

Herzensangelegenheiten

Die Vorstellung, dass die Seele im Kopf ihren Sitz hat und nicht im Herzen, in der Brust, das überfiel mich dieser Tage, als ich eine Herzoperation hatte und mich verletzt, beengt, atemlos und herzschwach fühlte – diese vom Verstand her durchaus logische Erklärung, wonach das Gehirn für all diese Nervenleitungen zuständig ist, fand aber keinen wirklichen Weg zu mir – blieb hölzern, steif, eine reine Worthülse. Meine Seele, meine Gefühle sind – ich spüre es gerade jetzt an meinem geplagten Herzen genau – diese Empfindungen *sind* im Herzen, in der Brust. Der Herzschlag ist ein harmonischer Rhythmus, es sei denn, wie bei mir, dass er immer wieder über lange Zeit aus dieser Harmonie herausfällt und Herzrhythmusstörungen zeigt. Auch unsere Sprache, Sprachwendungen, wie zum Beispiel: „Das Herz hüpft mir vor Freude; das Herz fällt mir vor Schreck in die Hose; das Herz zerspringt mir vor Freude; das Herz schlägt mir bis zum Hals; ich nehme mir etwas zu Herzen ...“, in all diesen Redewendungen wird deutlich, dass das Herz ein Symbol in meinem Zentrum ist, dass dieses Herz mit seinen „Störungen“ nicht vom Intellekt, nicht vom Verstand gesteuert wird. Das anatomische Herz ist durch die Herzscheidewand gespalten, wie auch schon der Herzschlag ein „Zweiklang“ ist. Aus der Zweiheit wächst das Eine. Und so ist das Herz auch das Symbol der Liebe. Das Herz wird durch Emotionen aus dem Takt gebracht – obwohl die entsprechende Emotion oft nicht zu erkennen ist (Freude, Schreck und anderes). Die Rhythmusstörungen überfallen mich, sogar im Schlaf, es scheint, als würde mein Kopf, mein Verstand sich nicht bewusst machen wollen, dass mich Emotionen bedrängen. Also will ich mich noch stärker dem Gefühl in meinem Herzen zuwenden und den Verstand, dieses alles regierende Hirn, ein bisschen außen vor lassen – zumindest bei Herzensangelegenheiten.

Heimliches Pulsieren

Zusammengenommen, alles Weite, Ungebärdige zusammengenommen in dieser Ecke im Abteil des Zuges, unsichtbar nicht durch Siegfrieds Tarnkappe, sondern durch diese Zusammengenommenheit im Verein mit dem Alter, dem Altfrauensein in diesem Abteil voller junger, strotzender, überbordender Körperlichkeit. Solchermaßen unsichtbar sitze ich Siegfrieda in meiner Ecke und borde in meinen Gedanken aus, hinaus in diese vorüberziehende Landschaft, die Wolken, den Himmel, spüre, kann es fast nicht aushalten, einfach nur da zu sitzen, diesen Sog, dieses Ergriffensein – könnte heulen vor Andacht und Glück, diesen Himmel zu sehen, unter diesem Himmel, den Wolkentürmen hindurchzufahren, eingebettet, behütet und auch bedroht – bedroht von der aufwallenden Finsternis und doch auch bestürzt vor Ehrfurcht vor diesen Wundern, die da draußen geschehen, während ich hier im Zug, in meiner Ecke unsichtbar, nun meinen Blick zu den jungen Frauen und Männern wende, die mit Stöpseln im Ohr, mit leerem Blick, eingetaucht sind in ihre Wünsche und Träume, Sorgen und Notwendigkeiten, keinen Schimmer abgeben von dieser, von ihrer Welt und dennoch mit ihrer kurzberockten, jeansbewehrten Körperlichkeit eine ganz andere Präsenz ausstrahlen als ich. Wir atmen nicht mehr dieselbe Luft, da diese uns von der winterlich kühlen, den Hochsommer ausschließenden Klimaanlage von den Lippen gerissen wird, um ja nichts zu vermischen, die distanziert und entfremdet die Schranken aufrecht erhält – kein Wort, kein Austausch, kein Herzschlag berührt – nur so ein heimliches Pulsieren, Strömen liegt in der Begegnung unserer Blicke, wenn ich lächle – um Gottes Willen nicht zurück lächeln, nachher will die Alte reden und ich muss mir das alles anhören – und doch schleicht sich ein leises, ganz heimliches Einverständnis in die leeren Gesichtszüge. Draußen ballen sich die finstergewittrigen Wolken zu immer dramatischeren Szenen zusammen, beunruhigen meine Sehnsucht, meinen Herzschlag – ich möchte die Notbremse ziehen, um auszusteigen, zu fühlen, zu riechen – mich auszusetzen dieser Wildheit, sie einatmen, aufregend und schön, doch tut Frau, alte Frau, das nicht, die Notbremse ziehen, um durchzuatmen, um sich wieder lebendig zu fühlen – sie sitzt weiter regungslos, rückenschmerzdurchbohrt in ihrer Ecke und lässt die Tarnkappe der Anpassung über ihre wilde Sehnsucht herrschen.

Gehen statt fliegen

Gehen immer nur gehen nicht stolpern nicht verharren weiter gehen in den Tag in die Stunde die Minute immer immer weiter gehen so eilt mich das Leben mein Leben und ich kann nicht rasten nicht ruhen mich nicht besinnen immer nur weiter eben noch morgen ist alles ganz schnell schon wieder gestern nichts berührt mich aus dem Vergangenen doch das Zukünftige das Heute eine Last beim Gehen diesem unendlichen Lauf selbst beim Schlafen ticken sie weiter die Zeiger dieser Uhr dieser Lebensuhr die niemals stehen bleibt mich entlastet mir Ruhe gönnt im Schlaf noch Anstrengung mit dem Kiefer mit den Zähnen knirschen arbeiten nicht entspannen fleißig sein fleißig wie dieses kleine Mädchen damals in diesem früheren Leben als Vaterworte noch peitschten anpeitschten antrieben mich voran eilen ließen und nun bin ich so angeschoben angetrieben dass ich niemals wirklich einhalten anhalten ausruhen kann und erst der Tod wird mich bremsen mir die so sehr ersehnte Ruhe gönnen und ein Albtraum reitet mich hin und wieder dass auch nach dem Tode Gott oder wer dort auch immer das Kommando hat von mir dieses weiterlaufen weiter gehen fleißig sein verlangen könnte dieses ausgelöscht sein wenn ich nicht funktioniere und gebe gebe gebe bis zum Umfallen aber wohin dann welcher Fluchtweg bleibt bliebe mir dann ich ein Engel Schutzengel für andere weiter da und immer fliegend fliegend unterwegs und gehalten getrieben von diesem Motor zu helfen da zu sein nicht zu schlafen nicht zu ruhen wenn andere sich ausruhen und oder meiner Hilfe bedürfen ich ohne eigenen Willen und Halt ein Blatt nur im Wind der Zeit in diesem ewigen Zyklus von Werden und Vergehen.

Gefährliche Innenausstattung

„Das zieht mir den Teppich unter den Füßen weg“, sagte eine Freundin im Verlauf der Schilderung eines schweren Verlustes. Mir schoss dabei blitzartig durch den Kopf: „Ich habe keine Teppiche in meinem Haus.“ Ich liebe Klarheit, habe Holzdielen und Fliesen im Flur und im Bad – mir kann das Schicksal, das Leben, keinen Teppich unter den Füßen wegziehen. Natürlich können auch mir solche Verluste passieren und das ist auch oft genug passiert in meinem – durchaus schon recht langen – Leben, ich habe oftmals gelitten, Krisen erfahren und so immer wieder geübt zu überleben, bin aber doch immer mit beiden Füßen fest auf der Erde, auf dem Teppich geblieben.

Vergiftete Sonntage

Als ich ein Teenager war – damals sagte man Backfisch – , in den späten fünfziger Jahren, da wurden die Kleider, die Garderobe noch selbst genäht, und wenn es etwas Besonderes sein sollte, dann kam die Schneiderin. Die Anproben waren immer sehr pieksig und von mir ganz und gar nicht geliebt. Inzwischen hatte sich Köln wieder ein bisschen aus den Trümmern herausgearbeitet und in der Hohen Straße gab es ein gutes Geschäft mit Kleidern „von der Stange", wie das etwas abfällig damals hieß. Da ich inzwischen Lehrling für die Schaufenstergestaltung war und weil es sowieso chic und in war, lief ich am liebsten in den damals bei Eltern – besonders für Mädchen – als spektakulär aufmüpfig geltenden Jeans herum. Nun hatte aber mein Vater beschlossen – und was der beschloss, das war Gesetz – , dass wir beide in diesen neumodischen Kleiderladen einkaufen gehen sollten. Vater aber hatte völlig andere Vorstellungen vom Outfit seiner Tochter und so kam es im Geschäft zu einer heftigen Szene zwischen uns, in deren Verlauf ich mir in aller Öffentlichkeit eine Ohrfeige einfing und dann natürlich – wie mein Vater sich ausdrückte – nur noch mehr bockte. Zum Schluss gingen wir mit einem für meinen Geschmack fürchterlichen Rock aus dem Laden, den ich niemals freiwillig angezogen habe, und um den es noch zwei Jahre lang, bis er mir endlich nicht mehr passte, meist sonntägliche – weil ich an diesen stressigen Familentagen im Sinne der Eltern ordentlich gewandet sein sollte – Auseinandersetzungen gab. So kam es, dass ein Rock unsere familiäre Sonntäglichkeit nachhaltig vergiftet hat.

Leises Geläut

Ganz leise und unauffällig haben sich im Vorgarten Schneeglöckchen ans Licht geläutet, herausgearbeitet aus der so lange unter dem Schnee erstarrten Erde. Sie erfreuen mich mit ihrem zarten weißen Klang. Jetzt, da die Erde wieder braun ist, der Schnee sich nach Skandinavien zurückgezogen hat und auch meine Lebensgeister sich aus dem Winterschlaf zart grün hoffend erheben, mich meine Füße wieder sicher tragen, ich wieder ausschreiten kann, ohne Gefahr zu laufen, auf glattem Eis zu stürzen. Wieder in die Pedale treten und mir den Wind um die Nase und durchs Haar wehen lassen kann – ach, es ist herrlich, mich mit diesen zarten Frühlingsboten zu recken und zu strecken der Sonne entgegen und dem Leben, meinem Leben, einen neuen Klang zu geben.

Grauheit

Eingehüllt in immer neue Grauheit, eingesperrt in diese Endlosschleifen von Tristesse, Schmerz und Schwere, kreise ich, nackt und bloß, um dieses Kreuz meiner Erfahrungen … ungeliebt, anders, ausgeschlossen vom gierigen Frohsinn, der lockeren Leichtigkeit, der glückvollen Liebe, dem befreienden Lachen – immer aber auf der Suche nach dem goldenen Band, dem Sinn, der Tiefe, der Erkenntnis. Doch mein Arkadien wird mir immer wieder grau, meine Sehnsucht reicht nicht aus, um mich an diesem güldenen Band hinaus in die Weite zu führen. Dorthin, wo meine Sehnsucht blüht, wo ich mich verbinde, mit Feuer, Wasser, Erde, Luft, wo ich grauschwingig die Einsamkeit teile und mich aufschwinge ins Licht.

Eine fast wahre Ostergeschichte

Angekettet fristet der Osterhase seit zwei Wochen sein noch junges Hasenleben vor einem Buchladen. Eines Nachts kommen Jugendliche und zerschlagen die ihn am Hüpfen hindernde Kette. Leider stellen sie sich dabei sehr ungeschickt an und reißen ihm bei dieser Aktion ein Ohr ab. Doch was stört das Meister Lampe, wenn ihm die Freiheit winkt, dass er in seiner vollen Hasenschönheit etwas angeschlagen ist. Er hoppelt sofort voller Freude hinunter zum Deich und in die Freiheit. Dort trifft er auf andere Hasen, die sein Schicksal nicht haben teilen müssen, die ihn trotz der Blessur in ihre Sippe aufnehmen, und es findet sich auch schnell eine Osterhäsin, mit der er flugs sieben Kinderhäschen zeugt, die – oh Wunder – alle nur ein Ohr haben.

Dunkeltägige Zaubererwartung

„Eben“ noch freute ich mich über jedes Bisschen Grün und Blühen, begrüßte voller Staunen die Vogelzüge über meiner kleinen Stadt an der Elbe, die den Frühling, die Hoffnung auf diesen jährlichen Neuanfang in Flora und Fauna mit sich brachten, und nun … nun sind die meisten Felder jetzt, Mitte August, abgeerntet und ich sehe mit Staunen, aber auch mit Bangen die Gänseschwärme mit ihrem „V- Flug“, mit ihrer ins Firmament geschriebenen Botschaft, Verheißung im Frühling, Verhängnis jetzt im Spätsommer. Ahne nicht nur durch die merklich kühler werdenden Tage und der kühlen Morgenfrühe „Wetterbiss“, dass die Zeit, die Sommerzeit, unwiderruflich für dieses Jahr vorbei ist und ich mich einstellen muss auf diese andere Hälfte des Jahres, die mich raus aus dem Garten, weg vom leichtfröhlichen Leben an Deich und Fluss, in mein gemütliches Zuhause treibt – lesen, malen, schreiben, Freunde treffen – und die mich an die Bevorratung mit Kerzen für diesen dunkeltägigen Zauber mahnt.

Es gibt hier doch gar keine Giraffen

Ich habe die Angewohnheit, auf den Zug wartend am Bahnsteig hin und her zu gehen, da meine älter gewordenen Knochen lieber gehen als stehen, und nun, Mitte August, lockt es mich zusätzlich bis ans äußerste Ende dieses Bahnsteiges, weil mich dort prallsaftige schwarzglänzende Brombeeren zum Naschen verlocken. Beim Versuch, mir welche zu pflücken, scheitere ich jedoch immer wieder an der dornenbewehrten Verteidigung dieser mich lockenden Früchte, denn nach einigen Fahrten in den letzten Tagen, von diesem Bahnsteig aus, habe ich – und wohl auch andere Genuss-Pflücker – diejenigen Beeren, die ich ohne mich ernstlich zu verletzten erreichen konnte, schon abgeerntet, und nun wäre ich zu gerne eine Giraffe, welche die ach so begehrenswerten Früchte in unerreichbarer Höhe erreichen könnte. Doch da drängt sich mir die Frage auf: Für wen sind diese so wehrhaft verteidigten Früchte bloß gedacht, es gibt hier doch gar keine Giraffen.

Weggedanken

Der Weg entsteht beim Gehen so sagt man und ich trällere mir gern ein Lied zum Ruf des Kuckucks freue mich an der Vielzahl dieser Rufe schon als Kind zählte ich sie da die Prophezeiung heißt dass man noch so viele Jahre leben würde wie dieser Kuckuck ruft und mit dieser „Münze" in der Tasche wandere ich am Ufer entlang schreibe meine Gedanken in den Sand und beobachte das Spiel der Wellen die sich über diese Lektüre freuen höre ihr glucksendes Wellenspiel und beschreite diesen und andere Wege die ich noch nie gegangen bin staune über Farben Formen Gerüche und auch über mir das Flattern und Fliegen das Spiel der Wolken genieße den rinnenden Regen im Gesicht ist das meine innere Welt die sich da in meinem späten Leben im Außen zeigt dieser Genuss an allem was sich mir zeigt ist es der Pfad in meinem inneren der schon als Kind in Eckernförde geboren an der Ostsee an diesem Meeresufer gespielt am Finnischen Meerbusen in Russland weitergelaufen meine Jungmädchenjahre auch dort von Wind und Wetter umtost und später dann in der Eckigkeit grauer Städte hat er sich zurückgezogen dieser Sehnsuchtsweg in mein Inneres und nun am großen Strom kann ich ihn täglich gehen Leben genießen glücklich sein und ihn weiter verfolgen diesen mir noch unbekannten Weg

Kindheit in schwerer Zeit

Vater und Bruder haben blaue Augen, Mutter grüne und ich, ich habe braune Augen, tiefbraune Augen – woher? Wohl von meiner jüdischen Großmutter Barbara, der ich auch sonst sehr ähnlich sein soll. Was haben diese Augen, hat diese Augenfarbe mit mir, meinem Leben, meiner Kindheit zu tun? Alles! Nicht nur, dass ich augenfarbig anders war als der Rest meiner Kleinfamilie, der unmittelbaren Familie, denn die Großmutter wurde schon in meiner frühen Kindheit (mit dem Großvater) deportiert und im Konzentrationslager des wahnsinnigen Faschismus, Judenhasses, umgebracht, vergast, verbrannt, entsorgt. Ich habe überlebt und staune bis heute darüber, wie das gelungen sein konnte. Vater hatte, so wurde in meiner Familie erzählt, als jemand, der der NSDAP und Waffen-SS beigetreten war und Torpedos gebaut und entwickelt hatte, die Papiere meiner Mutter, Halbjüdin, gefälscht und sie, uns, mich, damit durch diese lebensgefährliche Zeit für solche braunäugigen Menschen gebracht. Ich bekam den Namen Heidrun – sehr nordisch, angepasst dem damaligen Geschmack in Richtung Namensgebung – diese Heidrun war raunend, heidekrautig, runisch schon in ihrer frühen Kindheit. Bevor die Großeltern deportiert worden waren, hatten meine Eltern uns wegen der zunehmenden Bombenangriffe auf Eckernförde oft ins Sudentenland zu diesen Großeltern gegeben – ich noch Säugling und Kleinkind, mein Bruder zweieinhalb Jahre älter. Offenbar hat mich diese liebevolle Großmutter, deren Augenfarbe sich in der meinen gleichfarbigen spiegelte und deren Seele auch so raunig, tiefgründig war wie die meine, sehr stark beeinflusst, habe ich mich irgendwie von all dem Leid meiner Vorfahren, diesem immer wieder Ausgestoßenwerden, Fremdsein, Anderssein beeinflussen lassen – oder wird so etwas genetisch weitergegeben? Jedenfalls entwickelte ich mich schon in meiner Kindheit zu einem eher ernsten, tiefsinnigen Mädchen, das seiner lebenslustigen, verwöhnten, auf eitle Außenwirkung bedachten Mutter immer ein Rätsel blieb.

Jedenfalls war es für mich in meiner späteren Kindheit so, dass „Groß-eltern“ ein Wort, eine Vorstellung war, die mich mein ganzes Leben hindurch als Sehnsucht begleitet hat. Ich gehöre ja zu den Kindern, die weder Großeltern noch Tanten, Onkel, Cousinen und Cousins hatten, denn sie alle wurden mir schon vor meiner Geburt durch das braune Gedankengut in blankpolierten Stiefeln und dessen gnadenlose Ausrottungsstrategie genommen.

Großeltern, das war nur ein Bild, ein vergilbtes Bild von einer Frau und einem Mann, die damals noch nicht einmal so alt waren wie ich heute – und ich bin noch nicht einmal Großmutter ...

Großeltern, das war und ist für mich verbunden mit einer Geschichte, die nie wirklich erzählt wurde, die ich heute nur fühlen kann, wenn ich zwischen den Stelen des Holocaustdenkmals in Berlin – voller Herzklopfen, mit Beklemmung, mit Tränenspuren im Gesicht – einen Hauch dieses Leides spüre, dieses Leides, das auch in meiner Familie unaussprechlich, da so groß, dass es uns alle vom Leben, von Freude, vom Lebendigsein abgehalten hätte, wenn wir es zugelassen hätten.

Großeltern, das ist für mich: Märchen, Geschichten von liebevollen Erlebnissen, Erinnerungen anderer und immer auch Verlust und Schmerz – ich kann keine Geschichte über sie erzählen.

Herbstblättergedanken

Jahrtausende lang fielen die Blätter im Herbst neben den Stamm des Mutterbaumes auf die Erde, wärmten im Winter das Wurzelwerk, gaben dem Baum Humus, neue Kraft zurück. Heutzutage werden diese „schädlichen" Blätter – Gefahr für den Straßenverkehr und die Fußgänger – schnellstmöglich, meistens mit großen Kehrmaschinen, zusammengekehrt und auf einer weit entfernten Biokompostdeponie entsorgt. Nun stellt sich mir die bohrende Frage: Leidet der Mutterbaum unter dieser Wegnahme? Ganz klar zu beantworten scheint mir der biologische Aspekt: Wenn die Wärme auf den Wurzeln fehlt und kein neuer Nährstoff aus dem Alten gebildet werden kann, dann fehlt dem Baum ganz viel. Nun drängen sich mir aber zwei weitere Fragen auf: Leidet der Baum auch seelisch darunter, dass man ihm seine „Früchte" wegnimmt – habe ich doch mal gelesen, dass Pflanzen auch ein Gedächtnis gegenüber dem, was ihnen passiert ist, haben, dass sie mit Stress reagieren, wenn ein Mensch, der sie grob behandelt hat, wieder in ihre Nähe kommt. Deswegen frage ich mich, wie es den Blättern ergeht, die von ihrer „Mutter" so radikal getrennt werden, die in der Fremde, so anonym unter Millionen anderen „Abfällen" ihrer Bestimmung – der Humuswerdung, nachgehen müssen. Müßige Gedanken, sagen *Sie*, meine lieben Leser_innen, doch ich, ich fühle mit Baum und Blatt, identifiziere mich mit dieser Entfremdung und weiß doch leider keinen anderen Rat als mein Mitgefühl und das Schreiben dieses Textes.

… könnte …

Ist in dem Wörtchen „ könnte“ eigentlich immer latent das Wort „Bitte“ enthalten? – Diese Frage treibt mich heute um, ich will ihr mal nach-denkend nach-gehen. „Könntest du eine halbe Stunde früher kommen?“ Klar – hier steckt das „bitte“ drin und in anderen ähnlichen Sätzen auch. „Wenn ich nur wollte, dann könnte ich das auch“, hat mein Bruder immer gesagt und er wollte nicht! Wollte es nicht, weil ich die Bitte an mich: „Hilf mir, damit ich es auch schaffe“, nie gehört habe, im Gegenteil, stolz darauf war, dass ich es, im Gegensatz zu ihm, konnte.
Dieses Hinhören auf die versteckte Bitte in dem mit „könnte“ formulierten Satz, der ja immer in die Zukunft gerichtet ist, eine Möglichkeit, die man ergreifen oder nicht ergreifen kann, beinhaltet, eine Planung, eine Absicht doch sehr, sehr oft formuliert … und so denke ich, dass ich in Zukunft achtsamer für dieses „könnte“ in den Sätzen meiner Gesprächspartner sein will.
Und dann, dann überfällt mich die Bedeutungsänderung, wenn man die Ö-Striche weg nimmt – dann heißt das Wort „konnte“ – das ganze Gegenteil, da hat jemand – ich – in der Vergangenheit etwas gekonnt – spekulierte nicht über Möglichkeiten, sondern hat etwas geleistet, vollbracht. Erstaunlich, wie so kleine Striche über einem Buchstaben eine so bedeutungsschwere andere Aussage, einen anderen Inhalt bewirken. Ich konnte mir mit dem „könnte“ und dem „konnte“, erstaunliche Klarheit über die Differenziertheit unserer Sprache und der mit ihr ausgedrückten Inhalte verschaffen und habe dadurch einen neuen Zugang zu einer wesentlichen Verhaltensweise meines Bruders und zu mir, der kleinen Schwester, gefunden.

Frühverrentungen

Bis Tornesch, zwanzig Minuten Zugfahrt, war ich damit beschäftigt, die drängenden Fragen des heutigen Vormittages niederzuschreiben, auszuformulieren, ihnen nach–denkend auf den Grund zu gehen. Als ich gerade Buch und Stift beiseite legte, kam mir ein Schornstein, ein hoch aufragender Schornstein einer stillgelegten Fabrik in den Blick. Ein zwangsweise frühverrenteter Schornstein – und schon ratterten die Gedanken, verknüpfte sich sein Schicksal mit dem der entlassenen Mitarbeiter, die nun – auch wiederum nutzlos, freigesetzt – ihre Begabungen, ihre Fähigkeiten verborgen, ungenutzt mit sich herum tragen, nicht mehr „rauchen“ dürfen, zeigen dürfen, was in ihnen steckt. Sie, diese Entlassenen, werden von der Gesellschaft ebenso geduldet, wie der nutzlos gewordene Schlot. Und ich, ich hoffe, dass beide nicht über kurz oder lang einfach gesprengt und abgetragen werden, dass der eine, von Grün überwuchert, eine neue herausragende Aufgabe findet und die Menschen sich ebenfalls darauf besinnen, dass sie etwas können, und dieses beglückend für sich und andere in die Gesellschaft einbringen. Mir bleibt nur noch der Gedanke hängen, dass doch alles mit allem zusammenhängt.

Die eilige Schwester des Vollmondes

Das hell leuchtende Rund der Bahnhofsuhr, diese eilige Schwester des Vollmondes, rundet zeigerrückend die Tage, meine Tage. Taktet das Halten und Abfahren der Züge, meiner Züge, auch in der finsteren Jahreszeit, in der ich morgens durch die dunklen, nur selten von einem Vollmond erleuchteten Straßen radle und abends – eigentlich ist es dann noch Nachmittag – ebenso zurück. Am Bahnhof erwartet mich dann immer dieses helle zuverlässige Uhrenrund, zeigt mir an, dass mein Tag sich runden wird – gerundet hat – eine Konstante im Ablauf der Zeit, die so rollend, eilig mein Leben vorantreibt.

Trocknende Ge-Danken

Heute Morgen wechselte ich die Handtücher in meinem Gäste-WC aus. „Erna“ sollte gewaschen werden und „Kurt“ ihren Platz einnehmen. Diese beiden Handtücher – Erbstücke aus meinem Elternhaus, Weihnachtsgeschenke meines Bruders und meiner Schwägerin an meine Eltern. Namenshandtücher, die noch lange über ihren Tod hinaus ihre Dienste verrichten. Eine schwachschmerzliche Erinnerung Tag für Tag – ein Ge-Denken im Alltag, das so ohne diese Handtücher nicht da wäre. Wenn ich mir von „Erna“ oder „Kurt“ die Hände trocknen lasse, schmunzle ich immer, sende ich einen kurzen Ge-Danken dorthin, wo die Eltern nun schon seit so vielen Jahren sind, und merke gerade, dass sie nie zusammen-hängen – und plane eine Zusammenführung in meinem Bad.

Lebensreise

„Ausrangiert", dieses Wort geiste(r)t den ganzen Morgen schon – von irgendwoher angeflogen – in meinem Kopf herum. Es beschwört eine Geschichte aus meinem russischen Lesebuch hervor, von einem zerstreuten Professor, der in einen ausrangierten, auf einem Abstellgleis stehenden Waggon einsteigt und sich wundert, dass er niemals in Leningrad ankommt. Als Kind fand ich diese Geschichte allerköstlichst, es gab sogar eine Zeichnung dazu in diesem meinem Lesebuch. Heute, im Alter, mit Freundinnen, die an Demenz oder Alzheimer leiden, finde ich diesen Text lange nicht mehr so amüsant. Und selber, nun schon fünfundsiebzig Jahre alt, möchte ich auch nicht in einem Zug, meinem Lebenszug, sitzen, der auf dem Abstellgleis steht, in dem ich, ausrangiert, nirgendwo mehr hin fahre, ankomme.

Zuckerschwester

Die Hoffnung, mit einer Tochter noch mal die positive weibliche Seite in ihrer Entwicklung begleiten, leben zu können, war bei der Geburt meines Sohnes in nichts zerstoben. Auch wenn es sehr spannend war, diesen Sohn, dieses männliche Wesen, aufwachsen zu sehen, zu lieben, so hat sich meine Hoffnung auf weiblichen Zuwachs in der Familie schon seit Kindertagen nicht erfüllt. Damals war es eine Schwester, die ich mir sehnlichst wünschte. Mein großer Bruder hatte mir eingeflüstert, dass ich ein Stück Würfelzucker auf die Fensterbank legen müsse, dann brächte der Klapperstorch ein Schwesterchen. Und obwohl ich mir immer wieder in der Nachkriegszeit, in der wir in Russland lebten, in der es alles nur rationiert auf Marken gab, solche Zuckerstückchen im wahrsten Sinne des Wortes vom Munde absparte, diese Zuckerstückchen auch immer abgeholt wurden (wie ich heute weiß, von meinem sich über die kleine dumme Schwester kaputt lachenden Bruder), bekam ich diese Schwester nicht. Eine Schwiegertochter würde dann, sehr viel später, so dachte ich, diese „Tochter-Schwester-Sehnsucht“ erfüllen, doch sie – wollte von mir nichts wissen, lehnte mich krass ab. Welch ein Malheur! So bleibt meine Sehnsucht nach Nähe zu meiner weiblichen Seite (im Außen) weiterhin unerfüllt – auf eine Enkelin wage ich schon gar nicht mehr zu hoffen – und so muss ich nun auf meine alten Tage aktiv versuchen, diese weibliche, zarte, feminine Seite bei mir selber zum Leben zu erwecken, endlich ganz bei mir – Weib – ankommen.

Anrufung des Nikolaus des Heiligen der Reisenden

In Glückstadt, dieser in vielerlei Hinsicht für mich glücklichen Stadt, gibt es unter anderem den – aus meiner Fußgängerinnen- und Bahnfahrerinnen-Perspektive – glücklichen Umstand, dass dieses kleine, denkmalgeschützte Stadtjuwel weder von einem großmäuligen Tunnel verunziert noch von einer noch einschneidenderen Hochbrücke zerschnitten wird. Nein – nichts dergleichen. An unserem kleinen Bahnhof gibt es Schranken. Schranken, die mit leisem Geläute das Nahen des Zuges ankündigen und dann sacht den Durchgang versperren. Warten – mal einige Minuten innehalten, ehe ich, zurückgekehrt aus der Hektik der Großstadt, mein beschauliches, liebes Glückstadt betreten, nach Hause gehen kann. „Vor die Schranken treten" war in der Zeit der ritterlichen Turniere, der Beginn des Kräftemessens mit der Lanze auf einem Pferd. Eine Besinnung. Jemanden „in seine Schranken verweisen" bedeutet, dass jemand die Regeln verletzt hat.

In Russland ist es eine – mir aus meiner Kindheit liebe – Gewohnheit, sich vor einer längeren Reise erst noch mal auf die Koffer zu setzen und sich zu besinnen, Abschied zu nehmen, eventuell ein paar Gedanken (ein Gebet) um Schutz an Nikolaus, den Heiligen der Reisenden zu richten, ehe man sich in das Neue – die Aufregungen der Reise – hinein begibt. Und so fühle ich mich heimgekehrt, an der Schranke stehend, glücklich und froh in der kurzen Besinnung und Vorfreude auf mein Zuhause.

Nebelgedanken

Ein nebelnässendes Grau hängt über dem flachflachen Land. Einige Kahlbäume ragen zagend in diese undurchdringliche Himmeldecke – auch mein Blick kann kein Blau, keinen Sonnenstrahl erhaschen. Es ist auch am Tage Schlafenszeit für die Natur – für mich? Vielleicht nicht schlafen, aber doch ruhiger, langsamer, besinnlicher sein – mich einspinnen in dieses Nebelgrau mit seinen Geheimnissen, Träumen vom nächsten Frühling, von Licht und Wachstum, erneut vom ausgelassenen Leben im Draußen ... Jetzt, in der warmen Stube, bei flackerndem Kerzenschein. Kräfte sammeln für diesen Aufbruch, der immer wieder kommt, auch wenn das ungeduldige Herz es oftmals kaum erwarten kann.

Ausgeschnittene Zeit

Ausgeschnittene Zeit, Zeit, Lebenszeit, die aus meinem Leben ausgeschnitten, gewissermaßen nicht in den Fluss des Lebens, meines Lebens, integriert ist. Solche Zeiten sind für mich Krankenhaus und Reha-Zeiten, denn in diesen Zeiten lebe ich nicht selbstbestimmt, autonom, sondern muss mich ein- und unterordnen – werde gelebt. Deswegen sind solche Zeiten meine größte Heimsuchung – eine zähe, schwere, langsam tickende Zeit, in der ich jede Stunde, jeden Tag meine Ungeduld, meinen Freiheitsdrang bezähmen muss. Ich weiß, ich weiß – solche Zeiten sind auch Chancen, um auszuspannen, zur Ruhe zu kommen, mich in den Fluss des Lebens zu begeben, ein Stück Treibholz, das in einer fremden Strömung treibt ... doch ... ich bin nun mal am glücklichsten, wenn ich tätig sein kann, das Ruder meines Lebens selber in der Hand halten kann. Und so werde ich Laptop, Bücher, Papier in Fülle bei mir haben, wenn es im Januar mal wieder heißt, eine vierwöchige Zeitspanne aus meinem Leben auszuschneiden.

Wind im Mund

Wildblumen welken sehr schnell, wenn sie abgeschnitten werden und in Vasen ihr wildes Leben ausblühen müssen. Wildblumen sind für mich Buschwindröschen, Himmelschlüssel, Veilchen, Primeln, Kornblumen, Mohn und andere Blüher – all diese, mit großer Farbenpracht dort draußen so üppig prunkenden Pflanzen. Ich glaube, ich bin auch eine Wildblume – gedeihe am glücklichsten dort draußen am Fluss, am Meer, radfahrend mit Wind im Mund und Gesang im Herzen – zu lange entfremdet diesem Elixier, gehe auch ich ein wie eine Primel, die abgeschnitten wurde, und deswegen mag ich keine Schnittblumen, wohnen in meinem Haus nur liebevoll gepflegte Topfpflanzen, die es mir mit üppigem und langlebigem Grünen und Blühen danken.

Für den Fall meines Todes

Heute Morgen – warum auch immer – ging mir durch den Kopf, wie ich meine Beerdigung gern hätte – einige Punkte waren mir wichtig und glasklar, auch wenn ich weiß, dass es letztendlich völlig egal ist – tot ist tot!

Doch ich möchte erdbestattet, auf gar keinen Fall verbrannt werden wie meine Vorfahren, die unter Hitler in die Gaskammern und Krematorien gesteckt worden sind. Ihre Materie wurde der Erde nicht zurückgegeben – und das will ich, meinen Leib zurück in die Erde geben. Humus, Nahrung für kommende Generationen – das Ganze im preiswertesten Kiefernholzsarg. Doch schon beim Gedanken an das weiße Totenhemdchen, kam ich ins Grübeln – ich möchte ein hellblaues schlichtes Hängerkleidchen anhaben – warum? Weil ich mir Hellblau als meine Auferstehungsfarbe ... das in den Himmel Aufsteigen meiner Seele ... ach, Quatsch! Und doch, jetzt muss ich es mir vorstellen, aus-denken. Dann der Grabstein? Ein ungeschliffener Feldstein, klein, mit schlichter Inschrift, Name, Geburts- und Todestag, ausgerechnet in Jahren, Monaten und Tagen. Der Platz: Glückstadt, wo ich jetzt lebe, das ist klar. Am liebsten natürlich mit Blick auf den Strom, die Elbe – was ich doch für naive kindliche Gedanken habe, da „blickt" ja nichts mehr ... und doch ist es eine schöne Vorstellung, das ich Elbkind unter dem ewigen Wind begraben werde. Nun denn, also der Friedhof – ich habe mir den noch gar nicht angesehen, werde ich demnächst mal machen. Ja, und dann wünsche ich mir, gewissermaßen als mein Gästebuch – das ich zu Lebzeiten gewissenhaft führe – , dass jeder, der mein Grab besucht, einen kleinen Stein mitbringt – wie es bei meinen jüdischen Großeltern der Brauch war – und auf mein Grab legt. Ja, das wäre schön, da hätte ich Anstöße für Gespräche.

Fesselnde Lektüren

Ich war und bin eine Leseratte, schmökere mich durch viele, viele Bücher leidenschaftlich begeistert hindurch. Je dicker die Bücher sind, umso lieber, denn ich tue mich nach atemloser Lektüre immer sehr schwer, die Welt meiner ProtagonistInnen zu verlassen. Erst lese ich wie verrückt (entrückt), um den Schluss zu erfahren, und dann habe ich Abschiedsschmerz, kann zum Beispiel Idella nicht nach ihrem über Jahrzehnte spannenden, abwechslungsreichen und abenteuerlichen Leben in den nicht beschriebenen Ruhestand oder gar ins Grab entlassen – bin noch ganz gefangen. Stehe vor den Titeln der noch zu lesenden Bücher (ich habe immer eine stattliche Auswahl in Reserve – es könnte mir ja die Lektüre ausgehen und *das* wäre dann der Super-GAU schlechthin), kann mich nur schwer entscheiden, in welche Welt – historisch oder Gegenwart, national, exotisch – ich nun eintauchen will. Mit Idella noch auf der Netzhaut beginne ich halb widerstrebend in die schwierige Lebenswelt von Marie einzutauchen und ehe ich es mich versehe, bin ich Idellas Schicksal los und ganz gefesselt von Maries. Und so geht es weiter – das ganze Jahr – eine „Heldin“, ein „Held“ des Lebens folgt den anderen und immer wieder stehe ich vor diesem Neuanfang mit leichtem Widerstreben, mich einzulassen in diese Schicksalhaftigkeiten jenseits meines Alltags.

Katholische Gebete

Ich bin zwar in der Tschechoslowakei – früher Sudetenland/Böhmen – als Kleinkind katholisch notgetauft worden, weil ich lebensbedrohlich an Typhus erkrankt war, doch bin ich dann mit meinen Eltern in der UdSSR (Sowjetunion in der Stalinzeit) „gelandet", habe also mit Religion, Beten und dergleichen nichts zu tun gehabt. Als ich dann mit zehn Jahren in die DDR nach Ostberlin zurückkam und in der Warschauer Straße drei Kinder über uns wohnten, deren Vater evangelischer Pastor war, bin ich mit denen in die Sonntagsschule gegangen, was ich sehr spannend fand. Die biblischen Geschichten – ich hatte ja null Ahnung! Und hin und wieder gab es nette kleine Bildchen, Bildergeschichten, Kakao und Kekse … Nur – das Beten machte mir Probleme, denn ich hatte, woher auch immer, die Vorstellung, dass Katholiken mit flachen, aneinandergelegten Händen beten und diese evangelischen Kinder hier, sie beteten mit ineinander verschlungenen Fingern, wie eine Doppelfaust. Um „meinen" lieben Gott – den der Katholiken – nicht zu verprellen, hielt ich meine Hände unter die Kirchenbank und betete dort heimlich „katholisch".

Nächtliches Treppenhaustreiben

Schon immer haben mich alte Häuser mit ausgetretenen Stufen, mit ihrem heimlich gespeicherten Leben vergangener Zeiten fasziniert. Nun bin ich vor sechs Jahren selber in ein mehr als hundertfünfzig Jahre altes Haus gezogen, das besonders an stürmischen Tagen, da nur zweihundertfünfzig Meter hinter dem Elbdeich gelegen, knastert, wispert, lebt – und habe zum ersten Mal in meinem Leben eine Verbindung zu Wurzeln der Vergangenheit. Die Treppenstufen sind mir insbesondere lieb, da diese ja auch meine heutigen Schritte aufnehmen, meine zahllosen täglichen Treppauftreppabgänge im Laufe eines Tages. In der Nacht dann gehen diese meine Schritte dort noch mal alles ab, herrscht ein lebhaftes Treiben auf dieser Treppe, treffen sich dort die Schritte all derer, die vorher hier gelebt, geliebt, gelitten haben, gelaufen, gestorben sind – bin ich mit meinen heutigen Tagesschritten ein Teil dieser nächtlichen Begegnungen, was mir sehr, sehr gut gefällt, was mich einwebt in diesen Teppich der gelebten Leben, mich stärkt und mir eine nie gekannte Zugehörigkeit schenkt.

Zu-Schreibungen

„Du bist *zu* sensibel, ich muss dich abhärten, damit kommst du nicht durchs Leben!" Das sagte Vater immer zu mir und haute noch mal feste in die jeweilige Kerbe – Empfindlichkeit – rein. Ich fühlte mich als Kind, Teenager, junge Frau nicht verstanden, heulendelend, hätte mir Mitgefühl, Anteilnahme gewünscht – in den Arm genommen, getröstet werden, und nicht eine zusätzliche Kältepackung, Frost, Frust, Alleingelassenwerden. Ich konnte nicht verstehen, dass meine Sensibilität, mein Mit-Fühlen, falsch sein sollte. Erst im fortgeschrittenen Erwachsenenalter begann ich zu verstehen und es auch zu verbalisieren, dass dieses *„zu",* diese „Zu-Schreibung", das Problem der anderen, meines Vaters, war und ist. Ich *bin* sensibel und das ist eine wunderbare Eigenschaft, das „*zu* sensibel" ist das Problem desjenigen, der es sagt. Ich bin aktiv und wer mir sagt: „Du bist *zu* aktiv", der misst sich an mir und will sich durch diese „Zu-Schreibung" mit seinem „Nicht-so-aktiv-Sein" selber besser fühlen. All diese „Zu"s sind der Versuch der anderen, mich durch Abwertung schlechter zu machen und sich selber dadurch besser zu fühlen. Wenn mir das heute zu viel wird mit diesen „Zu-Schreibungen", dann sage ich: „Ich bin sensibel, aktiv und mehr, und das ist gut so, ich bin okay – das *‚zu'* ist dein Problem!"

H.S.

Fröhliche Ent-täuschung

Das Wort „Enttäuschung“, benutzen wir, benutzte ich, um mitzuteilen, dass uns eine große Kränkung widerfahren ist, dass der andere uns sehr wehgetan hat. Nun sage ich mir seit Jahren, wenn ich dieses Wort auf eine Situation anwenden will: „Es ist gut, denn es ist das Ende der Täuschung.“ Ich habe mir in der Situation, mit dem Menschen, etwas vorgemacht – sie, ihn, es nicht wirklich richtig gesehen, wahrgenommen – oder habe mich täuschen lassen, und nun habe ich es – zwar schmerzhaft, aber immerhin – endlich begriffen, dieses Illusionsgebäude, diese Täuschung. Welch ein Glück, dass Worte wie „Ent-Täuschung“ in unserer Sprache, im Denken vorkommen und mir helfen, Situationen genauer wahrzunehmen und mich über das Ende der Täuschung letztendlich freuen zu können.

Frühlingszauber imaginieren

Wo ist er hin, der Wind, der tagein, tagaus unsere norddeutsche, flachflache Landschaft immer noch flacher weht, alle Bäume und Büsche nach Osten neigt, der die Wolken vor sich her treibt und dabei immer wieder Blau aufscheinen lässt – Sonnenstrahlen ein wenig dieses flache Land, mich, berühren, ja, küssen lässt? Grau, unendlich grau lastet ohne den Wind die schwere Wolkendecke über dem Land, kein Spiegeln in den riesigen Pfützen auf den Feldern – eine Art bleierner Ruhe, die das Lachen, die Lebensfreude bedrückt. Wie kann es mir nur gelingen, diesem lastenden, von keinem Wind auseinandergerissenen Grau zu begegnen, ein farbenfrohes Licht, Leuchten, Sonnengelb in diese Tristesse zu zaubern? Ich kann, ich kann es schreibend, malend tun – indem ich Löwenzahn- und Sonnenblumengelb aus meiner Erinnerung imaginiere und so einen lächelnden Frühlingszauber über dem Land und in meiner Seele ausbreite.

Hinter uns die Sintflut

Kassandra, dieser Name steht für unheilvolle, doch vorhergesehene Prophezeiungen, die niemand hören will – steht für eine junge Frau, die vom nahenden Untergang der Trojaner wusste und versuchte, den Trojanern das zu vermitteln, damit sie Vorsorge treffen oder flüchten konnten – doch man hat sie ausgegrenzt, verflucht, gescholten und zum Schluss sogar ermordet, um nicht hören zu müssen.

Heute ist das Wort „Kassandrarufe“ in aller Munde – bei den Umweltschützern, den Grünen, Greenpeace, Robin Wood ... Sie alle warnen vor dem Raubbau an der Natur, an den Ressourcen der Erde, vor den Folgen des Klimawandels ... Wie damals die Trojaner wollen wir das nicht hören, würde es doch bedeuten, liebgewonnene Bequemlichkeiten, finanzielle Einnahmen, Urlaube in weiten Fernen, behagliche „Blusenwärme“ im Winter, aufzugeben, sich einzuschränken. Da lassen wir doch lieber alles beim Alten und stecken den Kopf in den Sand, lassen uns weiterhin von Politikern und Medien für dumm verkaufen und „prügeln“ lieber auf die Kassandrarufer ein, die uns unsere „heile Welt“ zerstören wollen. Und so werden wir wie die Trojaner sehenden Auges in unser Unglück rennen, das spätestens unsere Enkel mit aller Macht treffen wird.

„Hinter uns die Sintflut“, das ist unsere Devise.

Weggeheiztes Zauberland

Verborgen unter dem Zauberstab des wabernden Nebels die Landschaft, Gehöfte, Menschen – nur schemenhaft huschen sie an mir, der „zugig“ Vorbeifahrenden vorüber. Ich, wir hier im Zug – die einzig sichtbaren, realen Wesen, auch ohne Nebel ohne Kontakt zum Draußen – vorbei, vorbei, nicht achtend das Leben dort in meinem Vorüberfahren. Wieso ist der Nebel, das Zauberland, nicht in meinem Abteil? Ach so, wegen der Heizung. Weggeheizt das Zauberland – nur müde, grenzenlos müde Pendlergestalten achten nicht auf Zauberlicht und Mitreisende, sind versponnen in ihren ganz privaten Kokon an diesem frühen Januarmorgen, hören nur ihre eigenen Stimmen flüstern, haben keine Bereitschaft zur Wachheit, zum Dialog – sind grau in ihrem Inneren, auch wenn die Heizung den Außennebel fern hält.

Seelischer Frühjahrsputz

Nur die Eichen halten noch fest am braunwelken Laub des Vorjahres, lassen es nicht los – bilden aber dennoch Knospen für neue Blätter aus. Bin ich eine Eiche? Ich halte auch – leider – fest an alten Schmerzen, Wunden, die ich in der Kindheit, Jugend, dem jungen Erwachsenenalter davongetragen habe. Mich hindert dieses Festhalten aber – ganz im Gegensatz zur Eiche – oftmals daran, Neues auszubilden, zu wagen. Ich wünschte mir manchmal einen reinigenden Herbst- oder Frühjahrssturm in meinem Leben, um mich endgültig von diesen Altlasten zu befreien – hoffe auf diesen neuen Frühling dort draußen, um auch in mir, meiner Seele, Frühjahrsputz zu halten.

Länger werdende Tage

Züge, diese fahrplanmäßigen Fortbewegungsmittel, sie, ausgerechnet diese Errungenschaft der Neuzeit, zeigen mir ganz deutlich, dass die Tage unmerklich, aber beständig wieder länger werden. Noch vor drei Wochen fuhr ich mit dem Zug, der um 8 Uhr 49 ab Glückstadt fährt, in einen grandiosen Sonnenaufgang hinein – nun ist dieser schon vorbei, zeigt nur ein letztes, kurzes, orangenes Leuchten am Horizont und ich frage mich doch tatsächlich, ob ich dieses Verpassen, diesen früheren Tagesbeginn, bedauern , oder mich über dieses sichtbare Zeichen des kommenden Frühlings freuen soll. Auf jeden Fall, waren mir die furiosen Sonnenaufgänge eine Hilfe, die dunkeldunkle Jahreszeit zu überstehen.

Einfach nur so …

So ein kleiner Wortaustausch am Morgen, vor der Türe vor dem Ausstieg aus dem Zug, er bringt nicht nur Wachheit, sondern auch ein Schmunzeln, Freude, immer noch anhaltende Freude, in den Tag. Ein Paar – heute muss das ja nicht mehr ein Ehepaar sein – stellt sich neben mich. Die Frau sagt zu dem Mann:
„Hast du nun auch wirklich deinen Koffer? Die sehen ja fast alle gleich aus."
„Ja", sagt der Mann und fügt hinzu: „Hauptsache, ich habe die richtige Frau." Sage ich: „Vielleicht ist eine Neue ja auch mal ganz schön!" Sagt er: „Haben Sie Zeit?"
Herrlich, so ein kleines Geplänkel, ohne Folgen, ohne Tiefsinn – einfach aus Lust am Schlagabtausch und der Freude an schlagfertiger Kommunikation – einfach nur so.

Heimatsuche

Zu Hause beheimatet sein … ja … wo ist das bloß? Wo komme ich her, wer hat mir Wurzeln gegeben? Auf der Suche bin ich sehr in unwegsames Gelände geraten – das ist nicht so einfach nach zwei Weltkriegen, Vertreibung, Auswanderung nach Russland – und es gibt keinen mehr unter den Lebenden, den ich fragen könnte – da ist nur noch die Familie meines Bruders, und der weiß weniger als ich – also gilt es feinst aufmerksam nachzuspüren diesen Fragmenten, Informationssplittern, die ich habe. Und der Erkenntnis, ich bin immer dort zu Hause, wo ich gerade lebe und ganz fest verwurzelt in mir selber.

Über Eitelkeit und Winde

„Alles ist eitel und ein Haschen nach Winden."

Dieses Zitat hat mich verwirrt und dazu veranlasst, erst einmal zu analysieren, zu hinterfragen, was „eitel" überhaupt ist. Der Bedeutungsduden sagt dazu: „Stark von seinen vermeintlichen Vorzügen überzeugt und bestrebt sein, sie zur Schau zu stellen", aber auch: „Übertriebene Sorgfalt auf sein Äußeres verwenden" und zuletzt dann dieses kryptische: „Es herrscht eitel Freude". Ich nahm also gemäß der Darstellung im Duden bisher auch an, dass eitel diejenigen sind, die sich herausputzen, mit Klunkern behängen, ständig in den Spiegel schauen, doch argwöhnte ich schon vor der Zuhilfenahme des Dudens, dass das in diesem Zitat mit „eitel" gar nicht gemeint sein kann. Ich vermute sogar fast das Gegenteil, nämlich das alltägliche Trachten, Arbeiten, Sehnen, das Verfolgen von ehrgeizigen und weniger ehrgeizigen Zielen, dass also damit eigentlich „alles" gemeint sein kann, und dass dieses permanente Streben nach mehr, anderem, Weiterem, Höherem, ja – *das* ist „ein Haschen nach dem Wind", denn sobald von mir/uns, eines dieser erstrebten Ziele erreicht worden ist, haschen, jagen, planen wir schon wieder das nächste. Nichts von dem Erreichten hat wirklich langanhaltende Wirkungen. Dieses „Haschen" ist mir besonders jetzt in meiner Rentnerinnenlebenszeit erst so richtig bewusst geworden. Alle diese berufstätigen Jahrzehnte mit ihren täglichen, stündlichen Wichtigkeiten, die mich durch mein Leben gepeitscht haben, was sind sie nun – nichts als ein Wind, der vorübergestrichen ist, seine Bedeutung verloren hat, denn es kommen ja immer wieder neue Winde, besonders in Glückstadt am großen Elbstrom.

Wegelagernde Worte

Es gibt Worte wie Liebe, Tod, Weihnachten, die in mir ein Kaleidoskop verschiedenster sich widersprechender Assoziationen, Erinnerungen auslösen, die mich bestürmen, die sich wie Kletten in meinen Gedanken festsetzen, die sich auch dann noch als dunkle Schleppe hinter mir herziehen, mich bedrängen und behindern, wenn ich sie schon mit dem Verstand niedergerungen zu haben meine, wenn ich glaube, ihnen und ihren gefühlsgeladenen Inhalten mal wieder erfolgreich entronnen zu sein. Die auf meinen Wegen lauern, wenn ich scheinbar gar nicht an sie denke, mich aus dem Dunkel anspringen, beunruhigen und bedrängen.

Tröstungen

Meine Nächte sind oftmals zwischen zwei und vier Uhr schlaflos, dienen dann ausgedehnter Lektüre. Während eines Krankenhausaufenthaltes, in diesem fremden Bett mit meinem dick verbundenen Knie nach einer Meniskusoperation schlaflos auf dem Rücken liegend, las ich in dem Buch: „Samuel und die Liebe zu den kleinen Dingen“ von Francesc Miralles, welches mich zu Hause schon in mancher Nacht mit philosophisch sehr inspirierenden Sätzen beglückt hatte. In dieser Nacht stieß ich auf den Satz: „Tägliche Streicheleinheiten für die Seele.“ Wie finde ich solche seelischen Impulse, so dachte ich in meinem Krankenhausbett, von dem aus ich die roten Begrenzungslichter eines riesigen Baukranes durch das Fenster zu mir herein blinkern sah. Mir kam der Gedanke, dass es sich um ein neues Sternbild, extra für mich mit vier roten Sternen handeln würde. Ich überlegte, wie ich dieses Sternbild nennen könnte, es sah aus wie ein Leib aus drei Sternen, dessen Kopf – der vierte Stern – ein wenig hoch hinaus wollte, einen Dialog mit dem Himmel … ein träumender, schlafloser Ausflug fern vom Schmerz dieses meines geplagten Leibes, hinauf auf der Suche nach Mysterien, die auf der dunklen Seite des Mondes zu entdecken sein würden. Eine nächtliche Sternen-Wanderin wie ich auf dem Weg zu diesem Wunder, eine Botschaft, die mir versprach, dass dort auf der Rückseite des Mondes Schmerzfreiheit herrschen würde, wenn es mir gelänge, an Wunder zu glauben, die sich in schlafloser Nacht im Krankenbett ereignen würden.

Tage wie Perlen

Tage, meine Tage, Lebenstage, wie weiße Perlen aneinandergereihte, kalte, glatte, weiße, einförmige Tage; nicht erinnernd das Leben, die Fülle, das Fühlen, diese Augenblicke des Glücks, der Trauer, der Freude, des Schmerzes, des Weinens und Lachens; die traumlosen Nächte, ein Knoten am anderen in dieser Lebensperlenschnur, verbinden diese Tage, die in ihrer Summe mein Leben, mein ganzes, einmaliges, vergängliches Leben sind.
Diesen Tagen ins Innere schauen, Erinnerung wecken, sie mit winzigkleinen Erlebnissen unterscheidbar machen, einen Hauch von Grün, Blau, Gelb und Rot, aber auch Schwarz auf ihre makellose, ununterscheidbare, kühle Weißheit legen, ihr Inneres so röten, dass wohlige Wärme die gleichförmige Kühle überzieht; dass ich, in diesen meinen späten Jahren, erinnernd in die Fülle meines unverwechselbaren Lebens eintauchen kann.

Aufwind

Sturmwind rüttelt die flugtrunkenen Blätter rüttelt die Lust am Fliegen auch in mir rüttelt Schwermut mir aus allen Poren mich zu leichten für erneuten Flugversuch uralte Wut als Antrieb für den Start diesen Start ins Leben das Leben ohne Sicherheit und Schranken das Leben als Lust und Verantwortung für mich und meine Restzeit die schon sehr herbstlich gegilbt und raureifbekränzt doch noch Aufwinde spürt unter dem zerzausten Gefieder.

Stolperschritte

Ihr Herz machte kurz vor dem Einschlafen einen Stolperschritt, siedendheiß fiel es Anna ein, dass nun schon wieder ein Tag, einer ihrer kostbaren Lebenstage, durch das Stundenglas ihrer Lebenszeit geronnen war. Diese Gegenwart, das Heute, die Arbeit, der Alltag, das war doch ihr Leben, das nun schon auf so viel Vergangenheit aufbaute, und dennoch war sie mit ihren Gedanken, Plänen, Vorstellungen, eher im Morgen, im Übermorgen, lebte sie den Luxus, dass ihr das Jetzt oft lästig war, dass sie es ableben, abarbeiten musste, denn dort in der Zukunft, da lag das wirkliche Leben, der Ballettbesuch, das Wochenende, die Reise ... und nun dieses Herzstolpern, dieses Erschrecken vor der verrinnenden Lebenszeit, wenn sie doch nur einen Weg fände, dieses Heute, mit allem was ist, mehr zu genießen, dieses Hinausschauen in den winterklaren Himmel, den Blick und die Seele dem Vogel nachträumend, der dort oben in seine Zukunft fliegt, die belebende, frische Luft fühlen, wenn sie den kurzen Gang zum Einkaufen durch die Straßen der großen Stadt eilt, prickelnde Lebendigkeit auch bei diesem alltäglichen Tun spüren. Speichern die Eindrücke der Minuten, Stunden, Tage in Bildern, Worten, Geschichten; Gefühle bis zum Bersten voll ausgedrückt, ausgetintet auf Papier, eine Spur, Wortspur für Anna und ihren Hang, den eigenen Weg schon nach Minuten nicht mehr sehen zu können, Schreiben gegen das Vergessen, und um dem Herzstolpern, der Angst, keine Nahrung mehr zu liefern.

Mondauge

Sternenlose, königsblaue Nacht, ausgebreitet über menschenleerer Landschaft.
Ich, suchend mit herabhängenden Armen, langsam und unsicher, Schritt vor Schritt setzend, als Kompass nur meine weit offenen Sinne, die sich lauschend, tastend, in dieses Niemandsland entfalten, hoffend auf eine Begegnung, ein anderes Herzklopfen, auf Wärme, auf ein sehendes Auge, in dem sich mein sensibles Mondauge spiegeln und ich mich selber erkennen kann.

Steilküsten

Die Rolltreppe zur U-Bahn hinunter, Steilküsten der Neuzeit, unten brandet das unbekannte, mystische, drohende, böse, angstauslösende Urmeer der Spezies Mensch, die sich hier in den lichtarmen Gängen ... keine Sonne, keine Wärme, keine Helle im Wechsel von Tag und Nacht, nur künstlich erleuchtet, spärlich ... und in den Schatten, da tummelt sich das Unsagbare, dieser angeschwemmte Abfall, das Ausgespiene der Oberwelt, um wie die Olme, blind, bleich von Drogen, ausgezehrt, sich das zu beschaffen, was sie brauchen, auch mit Gewalt, um für Stunden zu vergessen diese Unterwasserexistenz.
Ich – hinabfahrend, um mich fortzubewegen, bewegen zu lassen, hin zum Zug ans Meer, an die Steilküste der Natur, wo auch die Bäume, gestürzt, von Wind, Wetter, Regen zu Fall gebracht, ausbleichen ihre leblosen Tage im Rhythmus von Tag und Nacht, den Gezeiten und den Jahreszeiten – Mahnmale der Vergänglichkeit, Endlichkeit. In sich bergend die Geschichten des Gestern, vom Samen, der flog, zu finden den Platz dort oben auf dem Hochufer, stolz zu überblicken Land und Meer. Wachstum, ganz langsam, Jahr um Jahr im Schutze der anderen Bäume, Wurzeln gründen, den Stamm ausbilden, um Kraft zu sammeln für die Krone, das Laubwerk; Früchte tragen, zufrieden jedes Jahr im Rausch des Frühlings zu erwachen in einen lebensvollen grün-grünen Sommer mit Blüte und Frucht, sich dann zufrieden zu neigen im buntglühenden Rückzug, Besinnen des Winters, Heimstatt für mancherlei Getier und Pflanzen bietend.
Um ihn her wurde ausgeholzt, Bäume, die zu Papier, zu Brettern für eine andere Art des Weiterlebens wurden; Boden gerodet und umgepflügt für schnelles Wachstum, für Mais- und Rapsfelder, nur kleine Wurzeln, das Erdreich nicht haltend … ausgewaschen, ausgespült, und er, der Baum, verlor auch seinen Halt. Majestätische Todesfahrt den Abhang hinab, nun benetzt vom Meer, das er all die Jahre nur im

Wind hat singen und brausen hören, er nun mittendrin, vereinigt, zurückgekehrt an den Ursprung des Lebens, die Seele loslassend in den Sturm, sehenden Augen zu erzählen, an wilden Tagen in Ohren, die hören können. Zurückgelassen den Stamm, den Körper den wechselnden Gezeiten, Wettern als Spielzeug zur Freude und für manchen Menschen ein Signal zum Innehalten im Gehetze, ein Hinweis für Langsamkeit, Nach-Denken und Fühlen, damit nicht auch er abrutscht in kurzlebige, gehetzte Tage, die nicht erreichen das Innere, den Kern.

Hineinwuchern in das Leben

Spiegeln meine Sehnsucht im Lied des Tages, in den Aufbruch des Frühlings mich einhüllen, einhüllen in den Jahreskreislauf meines Atems, der nun nicht mehr fahl und schwer, sondern wieder frisch und grün leuchten möchte, leuchten vom Aufbruch auch in älter werdende Tage, leuchten vor Energie zur Veränderung, Veränderung in mir und damit hineinwuchern in das Leben rings um mich her, hineinwuchern mit aller Kraft und allem Blühen auch meiner Unkräuter, die, nur Wildkräuter und genießbar, herrlich mich beflügeln in das freie Leben meines Alterns.

Späte Erfahrung

Ich gehöre zu den Menschen, deren Motorik, Bewegungsdrang von klein auf als „fix“ zu bezeichnen ist. Langsamkeit, gar „schlendern“ ist, war mir bis vor kurzem ein Gräuel und „Schlendrian“ war unter der gestrengen Erziehung meines Vaters schon gar nicht angesagt, ja sogar mit Strafen belegt. Wenn Menschen mir den schnellen Schritt des Voraneilens verstellten, dann brodelte in mir ein unbändiges Gefühl von freiheitsberaubendem Stress auf. Freundinnen, die beim Erzählen gar stehen blieben, waren für mich nur schwer zu ertragen. Das Leben musste zügig fließen, auch beim Radfahren und bei jeglicher Verrichtung. Doch neulich, da ging mir das Wort „schlendern“ durch den Sinn und ich sinnierte darüber, wie das wohl sein würde. Mir fiel ein, dass ich, wartend auf Züge und Bahnen, auf Bahnsteigen hin und her schlendere, weil ich da ja ausgebremst, ohne zu erreichendes Ziel, durch weitere zügige Bewegung die Zeit totschlagen muss, also nur langsam gehen kann, wobei ich niemals sitze oder stehe – auch da, wenn auch langsam, schlendernd, immer in Bewegung bin. Was nicht nur mit meinen schmerzenden Hüften zusammenhängt, die gar nicht gerne stehen und dann immer sehr schlimme Schmerzen ausstrahlen. Durch dieses von außen, von unabänderlichen Bedingungen verursachte Schlendern am Bahnsteig entlang als erfahrenes „Vorbild“ schlenderte ich neulich bewusst unsere Große Kremper Straße entlang und entdeckte so manche Details, die ich noch nie wahrgenommen hatte. Was mir aber viel wichtiger war, war die Erfahrung, dass dieses absichts- und ziellose Schlendern, dieses Verlangsamen meines steten so „fixen“ Lebens, mir gut tat, mich harmonisierte und glücklich machte. So musste ich also erst fünfundsiebzig Jahre alt werden, und ein Wort in die Tat umsetzen, ehe ich die Wohltat des Schlenderns für mich entdeckte.

Herzzerreißende Liebeskonzerte

Seit Tagen fließt es nun schon im Geheimen, hat das Flüstern des Windes, das Singen der Vögel im grauenden Morgen, das Leben in dem harten, braunen Wintergehölz von neuem erweckt. Die noch kalte Morgensonne bringt dennoch schon die Knospen zum Wachsen und Platzen, erste Blätter recken sich wie schlaftrunkene Hände in den wärmer werdenden Tag. Beim Nachbarbaum, der sich schon mit rosazarten Blüten übergossen hat, herrscht Betrieb von noch wintertorkelnden, doch schon fleißigen Bienen und auf den Ästen schaukeln Elstern und Krähen, die ein geckerndes, krächzendes, herzzerreißendes Liebeskonzert angestimmt haben, dem Leben seinen neuerlichen Sinn zu geben. Ich Menschin schäle mich aus wintermüder Heizungsluft, setze mich aus diesem lebensprallen Jubel, spüre voller Bedauern, dass mir durch dieses Den-Winter-zum-Sommer-Machen in den Räumen der rechte Schwung zum Aufbruch fehlt – ich als einziges Wesen auf der Erde im Frühjahr einer Müdigkeit erliege.

Atmender Schmerz

Schmerz zuckt die Schlaflosigkeit in das unruhige, klopfende Herz und in die wattigen Gedanken, Unklarheit vermischt sich mit diesem Nervenschmerz, die rechte Seite, das Bein – außen unverletzt und innen wund, kein Name für dieses Stechen, Ziehen, Pulsieren, das jeden Gedanken wegätzt.
Der Versuch zu lesen, von dem Eigenen, der eigenen Geschichte wegzukommen, kein Zuhörer für diese Einsamkeit, Sehnsüchte und immer wieder Abbrüche der Gedanken.
Diese Bereitschaft, sich lieber im Kreis der Schmerzschlaflosigkeit zu drehen, kein Fährmann, der mich über setzt über meinen Styx an dieses Ufer aus dem Schlamm der Jahre, aus dem die Depression ihre Gase über den Fluss in den Schmerz, jedoch unerkannt, absondert.
Angst vor der Landung in diesem Urgrund des Gestern ohne festen Halt, keine Unterstützung, nicht mal dünnstes Eis, nur Geschichten vom Ich, subjektiv erlebte Kränkungen, nicht geliebt worden sein, ungesehen, ungehört dieses weiße Pochen des Ich, das seine Mitteilungen, Wünsche verschlüsselt, um nicht noch mehr Härte … Ablehnung, kein Mit-Leid, Flucht in Phantasien; Geschichten auf die Innenseite des Selbst schreiben und im Außen funktionieren, bis die Jagd nach Anerkennung ... beachtet – gesehen – gelobt werden, bis keine Zeit, kein Gefühl mehr für dieses Innen ... nicht mal Tränen, alles tot, kein Gefühl, nur die Gedichte, Texte schreiben es heraus, hin und wieder, wenn die Nacht, so lang und schmerzvoll ... die Gedanken doch andrängen gegen alle bewährten Betäubungsversuche, am Morgen danach eine winzige Spur, gezogen mit der Hand auf das Papier, den Namen in meine Hand gelegt, gerettete Botschaft von der Nachtseite in den alles erneut betäubenden Tag, diesen unaussprechlichen Namen – Angst, Lebensangst, Zukunftsangst, Angst, dass dieses Leben so kurz, zu kurz … den Sinn nicht gefunden, Weisheit wegge-

schoben, Erkenntnis nicht zugelassen, nur zu selten hinzugefügt, entwickelt, losgelassen und durch die Angst in die Freiheit meines Seins gelebt, Ruhe gefunden im Innen und Außen, eingehüllt in die Gezeiten von Meer und Leben, eins in mir und meinem atmenden Schmerz.

Das große Geraschel

Plötzlich ist sie da, die Melancholie, abgefallen von meinem Sommerbaum, wie ein gelbrotes Blatt der Freude, das sich nicht mehr festhalten kann an all der Sehnsucht nach Wärme, Sonne, Glück und Liebe, das sich anvertraut diesem Ozean von Wind, Herbstwind, Winterwind, und fliegt traurig und schön, traurig und einsam. Gelbrot einsam landen … alles Sehnen landet mit, landet im großen Geraschel all dieser gelbroten Einsamkeiten, die sich der Melancholie hingeben, diesem melancholischen Schlaf mit Knospenträumen vom aufbrechenden Frühling, von neuem Blühen und Grünen. Jahr für Jahr.

Der Strom des Lebens

Nur noch ein sich bereits gelbgrün verfärbender blauer Fleck am Knie erinnert mich an den Sprung, den Sprung kopfüber vom Boot in der Mitte des Stroms, kopfüber in den Ganges – eintauchen in Ganga, mich umhüllen, umschließen lassen – von ihr, der großen weiblichen Muttergöttin, die seit Anbeginn der Welt aus den Haaren des Shiva im Himalaja strömt, strömt um zu nähren, Frucht zu geben – aber auch strömt um zu überschwemmen, Tod und Unglück zu bringen, wenn sie ihr Temperament, genährt vom Monsun, nicht mehr zügeln, nicht mehr im Zaum halten kann. Doch selbst mit diesem Unheil, überschwemmenden Unheil noch den fruchtbaren Schlamm hinterlassend, aus dem die Frauen hier in Indien kleine Göttinnenfiguren modellieren und sie mit einem Ritual als Teil ihrer eigenen, inneren Göttlichkeit, wieder zurück in den Fluss, den Strom geben – der Göttin anvertrauen.

Ich also – kopfüber in diesen Fluss, der hier in seiner Mitte nicht so eklig von Unrat, Scheiße, toten Tieren und Leichen und was das Leben sonst noch so an Abfällen diesem Mutterschoß zurück gibt. Schwimmen in der Mitte des Flusses, dieses Sinnbildes vom Rad des Lebens, das sich dreht und dreht und in dessen Zeitfluss wir alle nur winzige Augenblicke sind – und doch zählt uns nichts so sehr wie dieser Augenblick, dieser Augenblick hier im Strom – ich umspült, getragen von dieser spirituellen Urkraft, die von Anfang an und immer das Los der Menschen begleitet, begleiten wird – auch wenn ich schon längst nicht mehr in diesem Körper wohnen werde.

Nur noch dieser blaue, nein, gelblichgrüne Fleck erinnert mich an die Wichtigkeit dessen, das ich beim mühsamen Herausklettern, Hinaufklettern zurück in dieses Boot, zurück zu den Frauen und in mein aktuelles Leben, in meinen Körper, meine Freuden, meinen Schmerz, empfunden habe.

Voller Dankbarkeit nehme ich sie an, diese Lektion des Lebens – alles fließt, nur der Augenblick ist wichtig und real.

Nächtlicher Ressourcengebrauch

Nacht für Nacht weckt mich ein notwendiger Gang zur Toilette – im Alter ist es wohl so, dass dieses Wunderwerk biologisch-chemischer Prozesse, das dort in meinem Körper so autonom unbemerkt tätig ist, dieses am besten in der Nacht tun kann, da am Tage die Ressourcen für anderes biologisch-aktives Leben gebraucht werden. So bin ich also Nacht für Nacht die einzige, die Licht macht, wach ist, die Dunkelheit in meiner kleinen Stadt erleuchtet, Lektüre liest – derzeit ist es das Kriegstagebuch von Astrid Lindgren, das mich stellenweise dann doch nicht wieder einschlafen lässt, besonders wenn sie sich in ihren Aufzeichnungen den Verhältnissen in der ganzen Welt um meinen Geburts-Tag herum – meinem Eintritt ins bombengefährdete deutsche Kleinstkinderleben – nähert, wenn die aufgezählten Bombenangriffe auf deutsche Städte und besonders auch auf Rüstungsbetriebe – in Eckernförde die Torpedoversuchsanstalt, in der mein Vater Torpedos entwickelte und baute, Torpedos, mit denen Tausende und Abertausende, Freund und Feind nicht achtend, auf den Meeresgrund geschickt – umgebracht – wurden. Ich bin also eingetreten bei meiner Geburt im Luftschutzbunker unterm Leuchtturm in Eckernförde; eine Hebamme, ein Arzt konnte nicht mehr in den Bunker kommen, so war es denn mein Vater, der die Hebamme sein musste, mich glücklich auf diese kriegswunde Welt entband – später im Krankenhaus wurde er für diese geglückte Tat sehr gelobt.

Also ich lesend mitten in der Nacht, habe ich mich ganz nahe an meiner Geburt herangelesen, merke, dass die Dinge zusammenhängen – und warum ich so glücklich bin in dieser kleinen ruhigen, ja stillen Stadt, Straße, in der keine Bomben krachen, nur Sturmwind heute Nacht um mein kleines Haus tobt und rüttelt – ich mich trotzdem sicher und geborgen fühle und meinem Schicksal danke, dass ich so ruhig lektürevertieft einige Stunden der sternenwindvollen Nacht friedlich in meinem Bett verbringen kann.

Wurzeln herzwärts

Mit jedem Krokus ein Lächeln austauschen, mit jeder Knospe den Frühling begrüßen – die dunklen Tage abstreifen und vogelleicht den Tag begrüßen; den Tag, der auch mir neue Kraft aus den Wurzeln herzwärts strömen lässt; überzuströmen in Lebendigkeit und Neuanfang auch in diesen meinen späten Jahren.

Leben im Kontext ohne Text

Die Sprachlosigkeit im Außen, dieses Zweckgerede, dieses Verstecken hinter dem Funktionieren, wir haben alle unser Päckchen zu tragen, belaste mich nicht mit deinen persönlichen kleinen Wehwehchen, Kümmernissen, ich habe selber genug an den meinigen zu tragen, was, Sie finden das System, in dem Sie hier arbeiten müssen, zu unpersönlich, bürokratisch, menschenfeindlich, Sie glauben, dass Sie das besser machen, mehr bewirken können, wenn … kündigen Sie doch, suchen Sie sich was anderes, solche Sensibelchen können wir hier nicht brauchen – und damit ist das Stichwort Ihres Lebens: „Du bist *zu* sensibel". Das sagte schon der Vater, wenn sie litt – an der Sprachlosigkeit, dem Unvermögen, das was sie beschäftigte, beeindruckte, ins Außen transportieren zu wollen, das wollten *er*, der Ausbildungsleiter, die Lehrer, die Mitschüler, Freundinnen, der Ehemann – *niemand* hören, die Zuschreibung: „Du bist *zu* sensibel" machte sie mundtot, entfernte sie aus dem Kontext, erst sehr viel später kam sie auf die Lösung des Problems des ihr von den anderen zugesprochenen Nicht-okay-Seins, das Wörtchen „*zu*" war das Problem der anderen, ja, sie war sensibel, traurig – und das war in Ordnung, das „*zu* sensibel" war die *Zu*schreibung der anderen und gar nicht ihr Problem; im Gegenteil, sie konnte sehr gut mit sich und ihrer Sensibilität, ihrer Traurigkeit in Kontakt kommen, doch auch diese Gedanken ließ sie in ihrem Inneren fest verschlossen, flüchtete immer mehr in das Innere, den eigenen Weg im Inneren suchend, bis sie eines Tages das Aufgeschriebene dem Außen angeboten hatte – und auch da überwiegend Unverständnis: du schreibst *zu* traurig, du musst fröhlicher schreiben, die Menschen wollen etwas zum Lachen haben; mir ist nicht zum Lachen und die Tränen – auch schon so lange versiegt, nur die Worte, der (Kon-)*Text,* er sprudelt, quillt immer noch aus mir heraus, vertintet sich nun nicht mehr, sondern bewegt die Finger über die Tastatur und lässt sich speichern, ungelesen hinter dem Passwort verborgen; da liegt er nun, mein (Kon-)Text, wie in einem Safe, hinter der Panzerglasscheibe zum Außen, zum Verstehen, zu den Antennen der Menschen, rings um mich her nur Kontext ohne Text.

Landgang des großen Bären

So viele Gespräche mit dir, Schwester im Gefühl, leise, still, ohne Antwort geführt.

Große Gefühle, bärenstarke Sternengefühle mit alten, tiefbraunen Augen betrachtet. Flüsternd mich mit dir ausgetauscht, da auch ich verstecke, diese Sensibilität, die der Vater schon als „zu“ sensibel erkannte, mir prophezeite wie dir, dass ich damit scheitern würde in der Realität, mich abzuhärten versuchte und dadurch immer weiter in die Flucht zu den geflügelten Tannen trieb, von denen die Zapfenkinder in diese Welt fallen – ungeborgen, ausgesetzt in dieser gefühlsarmen Zeit, in der kein zu Hause, keine Heimat den Seelen ...

Landnahme auf vernarbten Wiesen, dort die heimliche Liebe grasen lassen und dennoch verhungern.

Liedlose Zeit ohne Hörnerschall, in der verklingt jede leise Stimme im kommenden Wind. Mich einkuscheln in deine Worte, Gefühle, Gedanken, mich wärmen und trösten durch so viel verschlüsseltes Gefühl.

Tränenspuren nässen meine leblosen Worte, dich zu trösten, dass dein Leben im Wort weiter lebt, bis in jede Pore und Fruchtbarkeit hinterließ in mir.

Leises Flüstern deiner Lyrik erzittert auch in meinem Wort, hinterlässt eine rotheiße Spur in der eiskalten Dunkelheit.

Lappen Ella

Räume, Orte, Menschen, Fahrzeuge, ein wirres Kaleidoskop – immer wieder einpacken, aufbrechen, das wenige, das Liebste, die „Lappen Ella“, an die Brust gedrückt.

Ihr, der Lumpenpuppe, flüsternd Geschichten erzählt, sie aufgemuntert, um die eigene Angst zu verlieren. Einer Liebe, die in all dem Chaos Sicherheit, Geborgenheit gibt, damit Angst und Schrecken, die ununterbrochene Ungeborgenheit nicht überhand nehmen – sich nicht ausbreiten, nicht lähmen oder sich in einem Gebrüll zur falschen Zeit entladen: „Um Gottes Willen Kind – sei bloß still, du bringst uns noch alle ins Grab!" Damit keiner ihre Anwesenheit bemerkt und womöglich noch viel Schlimmeres geschieht, als dieses Kind sich je vorstellen kann.

Ein Kleinkinderleben in dieser Zeit – nur diese Wechsel, kein Zuhause, kein Raum, kein Ort, nur eine Lappenpuppe als Stütze.

Ebbe und Flut

Erinnerungen sind wie die Ebbe. Vergangenes wird durch das Erinnern freigelegt, zeigt sich als Priel oder Sandriffelspur – ist aber auch durch den steten Gezeitenwandel ein wenig verfremdet, verformt – meistens zum Positiven „gerundet". Wenn die Flut (der Alltag) kommt, sind diese Vergangenheitsspuren völlig unsichtbar – überdeckt – doch … sie sind da, sie sind mein Leben!
Über allem der Gänse v-förmiger Vogelflug – Hieroglyphen der Zukunft am Himmelszelt, die ich leider nicht entziffern kann, die mich jedoch immer wieder faszinieren und locken, locken hinaus, mit den Vögeln zu fliegen – wohin auch immer der Wind und die Sehnsucht mich treiben.

Lebensschleifen

aus dem fenster schauen dem möwenflug folgen an der meeresküste über das wasser immer und immer wieder dieses bild vor augen hier in der reha-klinik an der ostsee und mich zurückkatapultieren lassen in die kindheitstage am finnischen meerbusen oranienbaum das ich heimat nannte bei lomonossow in der nähe leningrads diesen möwen gefolgt ankommen dort im großen schloss im alten park mit seinen marmorfiguren teichen schlösschen wiesen atmen durchatmen altes überkrustetes abwerfen frei und leicht über die wiesen laufen blumen pflücken trollblumen himmelschlüsselleicht sein in diesen tagen der schwere nach dem krieg der verschleppung dem hunger und doch ist das meine welt meine freiheit mein glück es schwappt durch die zeit bis an das ostseeufer hier und zu mir der alternden frau mit neuem hüftgelenk mich rehabilitierend plagend das gehen wieder erlernend nur kurze wege am geliebten meeressaum schaffend mich streifend zärtlich einhüllen diese düfte bewegung spiel wieder kind sein nicht wissen was kommt das leben dieses erwachsenenleben nach übersiedlung und flucht immer wieder neuanfang mich wenden alles was bekannt halt gab war schlecht falsch kommunismus sozialismus und nun dieser kapitalismus wie soll da mein herz noch schlagen wie mir leichtigkeit die sinne betören wo doch alles so voller gier maßloser gier haben wollen anhäufen nicht sehen den menschen den nächsten mich alles ist wichtiger in dieser zeit der termine meetings aufgeblasenen wichtigkeiten und ich ich sehe im übervollen pestizitgeschwängerten blumengeschäft nicht einen lichtblick nichts wirklich schönes nur kunstvolles treibhausblühen renne renne hinaus zu meinen blüten finde das erste schneeglöckchen mit seinem zarten geläute narzissengrün hat sich aus der dunkelfeuchten erde gewunden ich warte geduldig auf dieses blühen das mir geschenkt in meine tage leuchtet bleibe altmodisch der natur verbunden möchte springseil springen hüppekästchen hüpfen und murmeln spielen auf randstreifen ohne gefahr als kind überfahren missbraucht verführt zu werden nur meinen wettkampf ausführen wer der beste murmelspieler teddybär teddybär dreh dich um die ballschule wir alle kinder auf berlins großstadtstraßen und doch nicht gefährdet nur die ideologie der sozialismus hier im ostsektor er soll schlimm gewesen sein ich merkte auch davon nur wenig war glücklich geborgen ein pionier ernst thälmann pionier mit blauem halstuch immer bereit so stolz diesem vorbild nacheifern zu können spielplätze auf trümmergrundstücken spannend gefährlich keine überfürsorgliche mutter weit und breit diese musste sich finden nach so vielen jahren russland sich einleben freunde männer der vater vergessen im fernen oranienbaum sich verliebend in einen mann der hiergeblieben ihr dieses deutsche geben konnte uns kinder vergessend die wir uns selbst überlassen buntmetall suchen kartoffeln ernten ins pionierlager fahren und dann der vater zurück die stasi schnappt sich ihn er soll bespitzeln will nicht soll nach bautzen und wir alle hauen ab machen nach drüben lassen wieder mal alles zurück landen im lager angeschwemmt im fremden system werden ausgeflogen ins tiefschwarze katholische köln adenauerzeit dort ich so fremd keine ahnung vom christentum die menschen die kinder die schule alles ist so anders unbekannt schwierig ich rette mich wie immer ans wasser hier nur ein fluss der rhein ich wandere stundenlang an seinen ufern wünsche mich zurück in meine heile kinderwelt und muss doch nach vorne sehen sprache lernen schule schaffen lehre beruf kaum luft zum atmen und immer fühle ich diesen wunsch nach draußen in die natur gehen wandern radfahren frei sein frei um zu mir selbst endlich zu mir selbst zu kommen mich an die hand zu nehmen und am ostseestrand spazieren zu gehen.

Sisyphus

Glücklich-Sein scheint mir trivialer zu sein als Unglücklich-Sein, Trauer und Schmerz, fallen mir dazu doch nur tausendfach geschriebene, gedachte, Worte ein und doch will ich davon erzählen, wie ich heute morgen offenbar meinen Sisyphusstein oben angelangt hatte und ihn genüsslich zu Tal rollen sah, während ich frei und ledig jeglicher Bürde den Berg hinunter wanderte – mich anvertraute dem hohen blaublauen Himmel, dem Duft der Kamillen, in dem die Schwalben segelten, dem Klatschmohnrot an den Feldrändern, dem wärmenden Sonnenlicht; dahin schritt, so leicht und frei in all der stillen und doch so lebensvollen Sommersonnentagsschönheit, in Harmonie mit mir selbst und allem was ist, vergessend, dass ich Sisyphus bin.

Todesliste in Ravensbrück

Bertha Lieber, ein Name unter tausenden, akribisch aufgelistet in dieser Todesliste des Frauenkonzentrationslagers Ravensbrück. *Bertha Lieber*, Jüdin, Schwester meiner Großmutter mütterlicherseits. Dieser Name, der auch ein Teil von mir – ich entkommen, da später geboren und doch – nicht nur der Name dort, in diesem Totenbuch, auch ein Foto, ein Gesicht blickt mich an von dieser tausendfotogesichtigen Wand – meine Nase, meine Augen, mein Mund, meine Seele – ich! Jüdische Rassenmerkmale an mir, in mir, sind davongekommen. Mein Name auf keiner Totenliste, meine Lebenszeit nicht von fremder Hand ins Totenbuch vorausgeschrieben, meine Zeit darf trotz jüdischer Nase, Augen, Seele bis zu ihrem natürlichen Tod reichen und mein Name und ein Foto von mir wird nicht das Einzige sein, was nach dem Gang in die Gaskammer und dem Flug durch den Schornstein des Krematoriums von mir bleibt. Ich darf einstmals in die Erde und dort in aller Ruhe wieder zu Staub werden.

Birkengrüner Schnee

Wenn ich unter Birken wandere, besonders jetzt im frühen Frühling des späten Aprils, dann rufen sie mir mit ihren aus dem Schnee und Frost herausgearbeiteten junggrünen Blättern Kindheitsgefühle wach. Gefühle von Unbeschwertheit, von Hüpfen und mich Dehnen, von der Freiheit nach den langen Zimmermonaten, endlich wieder in diese windzerzauste Draußenwelt laufen zu dürfen. Birkengrüne, aus Schnee geborene Freiheit nicht nur des Kindes, sondern auch noch heute von mir älter gewordener Frau, die es auch kaum noch aushalten konnte, diese Wintergefangenschaft ihrer Seele, diese Tristesse und Enge in Räumen, Kleidung und Geist.

Netzspinnerin

Geboren in dieses absolut fremde unwegsame Erdendasein, mit nichts als der Fähigkeit zum *Lächeln* ausgestattet, mit der Fähigkeit Bindungsverhalten zu zeigen, sind wir Menschen von Geburt an Netzspinnerinnen zu Mutter und Vater, Geschwistern, Großeltern und mit immer mehr Menschen – ohne diese Verbindungen/Netze wären wir verloren, könnten wir nicht überleben. Mit zunehmendem Alter kommt zum Lächeln die Sprache dazu, aber auch der Irrtum, denn so mancher Netzfaden, den wir eifrig spinnen, um uns jemanden nahe zu halten, entpuppt sich als falsch, auf falschen Erwartungen basierend, und so müssen wir ihn wieder lösen, was immer wieder auch große Schmerzen bereitet – noch mehr Schmerzen bereitet es, wenn einer dieser wichtigen Netzfäden durch Tod gewaltsam gelöst wird, dann kommt das ganze Netzgefüge ins Wanken und wir laufen lange mit diesem lose baumelnden Faden „Schmerz“ herum, bis es uns durch die Trauerarbeit gelingt, diesen wieder in uns zu integrieren; und erst mit unserem eigenen Tod werden alle diese Netzwerkfäden gelöst, gehen wir zurück in das *„große Lächeln“.*

In diesen Tagen, Monaten, Jahren ...

Aus der Enge der mütterlichen Geborgenheit ausgestoßen, ausgetrieben – der Schrei, der erste Schrei, vermischt mit den Explosionen der detonierenden Bomben, widerhallt in einem feuchtdunklen Bunker – rings umher Menschen mit angstvollen Gesichtern, angespannten Körpern, die Mutter alleingelassen, ohne Hebamme und ärztliche Hilfe.

Dieser Bunker wird nun in den ersten Jahren dieses kleinen Wesens immer wieder das schützende Zuhause, wenn die Sirenen den herannahenden Fliegerverband mit dem Tod im Rumpf ankündigen.

Aus dem Bettchen herausgerissen, in die Arme der angstbebenden Mutter, der ältere Bruder heulend festgeklammert an der Tasche, in der alles das ist, was der Mensch für eine Zeit, für Stunden, zum Überleben braucht, aber auch das, was gerettet werden muss, wenn das Zuhause, das nun immer öfter kein Zuhause mehr ist, von einer Bombe getroffen, alles zerstört, nichts mehr zu retten ist.

In dieser angstvollen Zeit steht das Kinderzimmer leer.

Mysteriöse Kerzen

Ob Kerzen wissen, dass sie angezündet Licht spenden können, dass ihr Docht und ihr Wachs aber vergänglich sind, sich aufbrauchen und ohne Spuren zu hinterlassen verschwinden? Schon als Kind habe ich mich gefragt, wo im Raum bleibt das Wachs – und der Docht? Als älter gewordene Frau habe ich da so eine Ahnung von Seele, die mit dem Tod auch verschwindet, obwohl sie keiner fortgehen, -fliegen sieht, und sie ja auch vorher, zu Lebzeiten, unsichtbar war – das Bild vom Verlöschen eines Lebens bietet sich mir da an. Und so sehe ich in meinen flackernden Advents-Kerzen auch immer Botschaften von Menschen, die schon lange aus meinem Leben gegangen sind.

Vom Glück zu altern
Eine Trilogie

I.

Seit Urzeiten gebiert das Meer sich Woge um Woge neu an die Ufer; ich, eine Woge, gestrandet vor Zeiten, spüre nun den Ruf, die tiefe Verbundenheit mit allem, was war und sein wird, fühle mich geborgen und eingewoben in den Rhythmus von Werden und Vergehen, versöhnt mit meinem Erdengang.

II.

Die Dreiheit der Lebensphasen verkörpert im Stein, den mir die Wogen am Strand vor die Füße spülten, ehe sie meine breit gewordenen Altfrauenspuren wieder glätteten.
Gerundet, angepasst, glattgeschliffen, die Kindheit und mein Mutter-Ehefrauen-Berufsleben … und zum Kern vorgedrungen, kantig, sperrig, mein mich befreiendes, mich wiedergefundenes Altersteil – übergossen von Geistsonne, leuchtend, in meiner einzigartigen Form.

III.

Meine Jahre haben sich gereiht und die Haut liegt nun nicht mehr taufrisch über den Knochen, so mancher Blick zurück lockt ein Schmunzeln in meine Mundwinkel, die Kinder sind meiner Obhut entwachsen und das Berufsleben, dieser unerbittliche Zeittakt meines Lebens, bestimmt nun auch nicht mehr den Rhythmus. Das alles und noch viel mehr kennzeichnet meinen Lebensweg und nun ist es soweit, ich Menschin bin in meinem Alter angekommen. So manches, was früher mein Gleichgewicht erschütterte, scheint heute nur noch Unerfahrenheit, Dummheit gewesen zu sein. Meine Seele öffnet sich von Tag zu Tag mehr und fühlt, spürt, hört, schaut auf das, was immer

schon Leben erfreut, Leben begeistert, Glücksgefühle ins Herz gesendet hat.
Da ist die Stille, die glucksende, feenzarte Stille, wenn sich das Wattenmeer ganz allmählich, fast unbemerkt, doch unaufhaltsam, wieder mit Wasser füllt – überspannt vom hohen Himmel, in dem die Lerche jubelnd fliegt, der Sand, der sich beim Wandern unter meine ausschreitenden Füße bettet und der Wind, der streichelzart meine einsame Haut streift.
Da ist dieses Da-Sein im Hier und Jetzt, das die Stunden meiner Tage belebt und sie randvoll zu meinem einzigartigen Leben füllt.

Rabenstärke

Die weibliche Stärke – Weisheit, Hexenkraft – verstecken, den Raben von der Schulter in den Bauch, Intuition, das Sehen mit dem dritten Auge; den Raben nicht mehr fliegen lassen, nur noch krächzend beunruhigend tief im Innersten leben lassen, nicht zulassend, dass Frau nicht mehr weiß, was sie kann, was sie will – von Innen spreizt er sein heimliches, nachtschwarzes Göttinnengefieder, hält die Sonnenscheibe im Schnabel und flüstert den starken Frauen – auch nach dreitausend Jahren Patriarchat – zu, dieser ihrer inneren Kraft zu vertrauen (sie hin und wieder – und sei es bei Vollmond und unter den Sternen – fliegen zu lassen) und ihrem herrlichen Rabengekrächze; den Frauen, die diese Kraft nicht mehr in sich spüren, weil sie sich eingerichtet haben im verlassenen Rabennest, nicht merken, dass sie von namenloser, toter, Schwärze verschluckt wurden, die keine Rabenkraft, keinen Rabenmut mit sich führte, dass Auto, Haus, Fernreisen – die *er* bezahlt – ein zu hoher Preis für den Verlust des Rabenmutes, der Freiheit sind. In diesen wilden Rabenflugnächten, da klopft dann auch ihr ängstliches, angepasstes Herz in banger, namenloser Sehnsucht, dass da noch etwas anderes sein könnte, eine ihnen unverständliche, schwarze Kraft der Ahninnen.

H.S.

Über die Autorin

Heidrun Schaller, 1943 in Eckernförde geboren, 1946 mit den Eltern in die Sowjetunion verbracht. 1953 nach Ost-Berlin (DDR), 1954 Flucht in den Westen.

Dekorateurin, Erzieherin, Diplom-Sozialpädagogin, Leiterin eines Heilpädagogischen Kinderheimes in Neumünster, Lehrerin an der Sonderschule für geistig behinderte Kinder in Braunschweig, Dozentin an einer Fachschule für Sozialpädagogik, Fortbildungsreferentin im Amt für Jugend in Hamburg.
Geschieden, ein erwachsener Sohn.

Als Malerin ist sie heute mit eigenem Atelier in Glückstadt niedergelassen. Ausstellungen und Veröffentlichungen als bildende Künstlerin:

2007: Acrylbilder und Texte in dem Buch „Die weibliche Seite Gottes“ (wort und mensch verlag)

2009: Rathaus von Grevesmühlen – Acrylbilder im DIN A 0 Format

2010: Mozartsäle des Freimaurerhauses in Hamburg – Acrylbilder im DIN A 0 Format

Januar 2018:
Ausstellung „… und immer wieder der Mensch ...“ – 27 Bilder mit Texten im „Kulturhaus Alter ZOB“ in Heide

März bis August 2018:
Ausstellung „… und immer wieder der Mensch ...“ – 27 Bilder mit Texten im Wichern-Haus in Meldorf

Oktober bis November 2018:
Ausstellung: „... und immer wieder der Mensch ..." – 27 Bilder mit Texten in der Sparkasse Glückstadt

Als Autorin schreibt Heidrun Schaller seit etwa 45 Jahren intensiv und hat seitdem in zahlreichen Anthologien und Fachzeitschriften veröffentlicht. Als Einzelpublikationen sind u. a. zu nennen:

Wachstum geht nicht ohne Schmerzen (Lyrik – 1989, Till Sitter Verlag, Bremen)

Birkengrüner Wind (Lyrik – 1991, Sonnenreiter Publikationen, Langenhorn

Ablagerungen des Regenbogens (Prosa – 1992, Sonnenreiter Publikationen, Langenhorn)

Pantha rhei (alles fließt <Heraklit>; Lyrik und Prosa – 1994, Sonnenreiter Publikationen, Langenhorn)

Chaos huscht durch die Perfektion (Lyrik – 1995, Edition Thaleia, Saarbrücken)

Kinder stark machen gegen die Sucht (Elternratgeber – 1997, Herder Verlag, Freiburg)

„... und immer wieder der Mensch ... Bilder und Gedichte" (2018, elbaol verlag hamburg)

Seit 40 Jahren veranstaltet Heidrun Schaller kreative Schreibseminare an Volkshochschulen, Bibliotheken und in Schulen.

In den letzten Jahren hat sie außerdem mehrere Kooperationsprojekte mit Malerinnen durchgeführt (sie schreibt zu deren Bildern oder sie malen zu Heidrun Schallers Texten):

1992: „5 Farben“ – multimediale Collage mit der Malerin Elise Andresen und dem Komponisten Wittwulf Malik sowie mit einer Tanzgruppe des Rathsgymnasiums in Rotenburg/Wümme. Heidrun Schaller schrieb die Texte zur Musik; Aufführung im Rahmen des Festivals der Chöre in Rotenburg.

1997: „Erdkleider“ – multimediales Projekt mit der Malerin Magret Huch aus Kiel, mit einer Sängerin und zwei Tänzerinnen. Heidrun Schaller schrieb die Texte. Aufführung n der Alten Synagoge in Rendsburg.

1997: „Schatten im Spiegel“ – 12 Paare – je eine Malerin und eine Lyrikerin – arbeiteten sich gegenseitig inspirierend zu diesem Thema. Erscheinen einer gleichnamigen Buchpublikation, herausgegeben von der GEDOK Schleswig-Holstein und gesponsert vom Kultusministerium Schleswig- Holstein. Zusätzliche Ausstellung aller im Buch veröffentlichten Texte und Bilder sowie drei weiterer Arbeiten der Paare in der GEDOK-Galerie in Lübeck.

1999: Präsentation der Gesamt-Ausstellung mit den Texten in Reykjavik in Island.

1997: „Nordwärts“ – Ausstellung mit der Malerin Birgit Rautenberg-Sturm aus Stein im „ Alten Rettungsschuppen“ in Laboe. Heidrun Schaller verfasste die Texte zu den von nördlichen und Seefahrer-Eindrücken inspirierten farbigen Radierungen und großformatigen Linolschnitten der Künstlerin.

1999: Lesung mit eigenen Texten zu einer Ausstellung von Liselotte Horstmann unter dem Motto „Feen, Gnome und Sylphen“ bei der Vernissage am 7. Juni in Berlin-Zeuthen. Am 7. November Lesung zur Ausstellungseröffnung von Lieselotte Horstmann im DILARA in Hamburg.

2001: Ausstellung mit Werken der Malerin Bärbel Grimm und Texten sowie einer Lesung von Heidrun Schaller unter dem Motto „Innen- und Außenansichten mit Pinsel und Federhalter" in einer Braunschweiger Kanzlei.

Im April wurde diese Ausstellung mit Texten und einer Lesung von Heidrun Schaller auch im Marschtorzwinger in Buxtehude gezeigt.

Von Juni bis August war unter dem Motto „Element und Landschaft (Innen- und Außenansichten)“ eine Ausstellung mit Werken der Malerin Bärbel Grimm und mit Texten von Heirun Schaller in der Heimvolkshochschule-Sprengelzentrum von Bederkesa zu sehen, ebenfalls mit einer Lesung von Heidrun Schaller.

Im Juli Eröffnung einer Ausstellung in der Galerie am Schloss in Heidelberg mit Werken der Malerin Margarete aus Tunesien, zu deren Bildern Heidrun Schaller Gedichte verfasst hatte.

Heidrun Schaller erhielt u. a. den Prosapreis der Stadt Wolfen (2003), den Förderpreis für Literatur der Interessengemeinschaft deutschsprachiger Autoren IgdA; 2007), den Lyrikpreis der Stadt Hildesheim (2009) und den 1. Preis beim Wolfsburger Literaturpreis (Prosa; 2012).

Sie ist Mitglied in der Hamburger Autorenvereinigung und als Repräsentantin für Norddeutschland in der Gesellschaft der Lyrikfreunde Innsbruck.